2020年湖南省自然科学基金项目"基于校企合作模式的'双师型'教师队伍建设研究"
项目编号：2020JJ7048
2022年湖南省农业厅农业科研项目"乡村振兴战略下涉农专业职业教育产教融合模式研究"

乡村振兴战略下农村职业教育发展与职业农民培育研究

杨 杨 著

天津出版传媒集团
天津科学技术出版社

图书在版编目（CIP）数据

乡村振兴战略下农村职业教育发展与职业农民培育研究 / 杨杨著. -- 天津：天津科学技术出版社, 2023.3
ISBN 978-7-5742-0832-2

Ⅰ.①乡… Ⅱ.①杨… Ⅲ.①乡村教育 – 职业教育 – 研究 – 中国 Ⅳ.①G725

中国国家版本馆CIP数据核字(2023)第022749号

乡村振兴战略下农村职业教育发展与职业农民培育研究
XIANGCUN ZHENXING ZHANLÜE XIA NONGCUN ZHIYE JIAOYU FAZHAN YU ZHIYE NONGMIN PEIYU YANJIU

责任编辑：	宋佳霖
责任印制：	兰　毅

出　　版：	天津出版传媒集团 天津科学技术出版社
地　　址：	天津市西康路35号
邮　　编：	300051
电　　话：	（022）23332490
网　　址：	www.tjkjcbs.com.cn
发　　行：	新华书店经销
印　　刷：	定州启航印刷有限公司

开本 710×1000　1/16　印张 11.25　字数 200 000
2023年3月第1版第1次印刷
定价：68.00元

前 言

当前,我国农业发展取得较大成就,但也面临着挑战和机遇。一方面,城乡发展的结构性不均衡问题逐渐成为我国现代化进程中无法回避的重大挑战。另一方面,农村与农业,以其庞大的人口基数、覆盖面积与经济潜力,成为我国经济发展的"隐形发动机"。在此机遇与挑战并存的背景下,国家提出乡村振兴战略,并指出培育职业农民的明确方向,强调必须加快职业农民的培育,以实现传统农业向现代农业的加速升级。因此,在乡村振兴战略背景下,研究职业农民培育的现状与对策,具有一定的应用价值。

实施乡村振兴战略的核心任务是农民的现代化,培养造就一支懂农业、爱农村、爱农民的工作队伍,如农业职业经理人、乡村工匠、文化能人等,培育职业农民和乡土人才。农村职业教育在中国经济社会发展和农业现代化的过程中发挥了至关重要的作用,因此,中国农业现代化需要农村职业教育,中国新型城镇化也需要农村职业教育,中国乡村振兴更需要农村职业教育。完善农村职业教育和培训体系,深化产教融合、校企合作,办农民满意的农村职业教育,是新时代赋予农村职业教育的新使命与新任务。与此同时,我们也应看到,乡村振兴战略的实施、职业农民的培育等,不仅给农村职业教育带来了新的发展机遇,也提出了新的现实挑战。

"三农"问题日益成为制约我国经济社会持续协调发展的突出问题,而大力发展农村职业教育,提高农村从业人员的职业技能水平和农村人口素质,增强农民的从业能力和市场意识,是解决"三农"问题的根本措施。农村职业教育作为乡村社会系统的组成部分,乡村振兴战略为其发展提供了历史机遇,同时提出了时代要求。切实有效地发挥自身功能、展现自身能量是农村职业教育在乡村振兴战略中寻求发展的战略性举措。

农村职业教育作为经济社会发展的供给侧，其功能定位、培养目标、专业设置以及人才培养质量等诸多方面能否与农村经济社会发展保持较高的吻合度，能否紧跟时代发展诉求主动积极地进行调整与跟进，这些问题需要人们在实践中积极探索，更需要理论方面的探讨。职业农民教育，则是农民继续教育的重点，因为这是当今和未来农业现代化发展的主体，关系到把一大批传统农民提升为现代职业农民的历史任务的完成。职业农民，既要具有良好的科学文化素质、政治思想素质、现代文明素质，还应具备现代农业生产经营所必备的职业知识、职业技能、职业道德和社会责任素养，以及一些适应时代要求的生活方式、交往方式、思维方式。因此，唯有通过实施农民继续教育工程，才能从更高起点上，培育和造就一代紧跟时代步伐的职业农民。

本书属于农村职业教育方面的专著，涵盖了乡村振兴战略与农村职业教育、农村职业教育与乡村振兴中"三农"的关系、乡村振兴战略下农村职业教育的发展与推进、农村职业教育现代化、乡村振兴战略下职业农民培育、乡村振兴战略下职业农民创业创新探索等方面的内容，本书理论结合实践，对农村职业教育的从业者和职业农民具有一定的学习和参考价值。

目 录

第一章 乡村振兴战略与农村职业教育 ... 001
第一节 乡村振兴战略的目标与内容 ... 001
第二节 农村职业教育的内涵与特点 ... 006
第三节 乡村振兴战略下的农村职业教育功能 ... 011

第二章 农村职业教育与乡村振兴中"三农"的关系 ... 025
第一节 农村职业教育与乡村振兴中农业的关系 ... 025
第二节 农村职业教育与乡村振兴中农民的关系 ... 029
第三节 农村职业教育与乡村振兴中农村的关系 ... 031

第三章 乡村振兴战略下农村职业教育的发展与推进 ... 034
第一节 农村职业教育发展的现实基础 ... 034
第二节 乡村振兴战略下职业教育发展机会 ... 037
第三节 农村职业教育发展价值、方向与推进策略 ... 046
第四节 农村职业教育推进的新使命 ... 063

第四章 农村职业教育现代化 ... 065
第一节 现代农村职业教育体系的构建 ... 065
第二节 建立健全现代农村职业学校制度 ... 075
第三节 建立科学的农村职业教育治理体系 ... 086

第五章　乡村振兴战略下职业农民培育 099
第一节　职业农民概述 099
第二节　职业农民培育的必要性、平台与运行机制 111
第三节　职业农民的培育路径 126
第四节　我国职业农民培育的典型案例 152

第六章　乡村振兴战略下职业农民创业创新探索 158
第一节　职业农民创业创新的主要模式 158
第二节　职业农民创业创新的实践 161

参考文献 168

第一章 乡村振兴战略与农村职业教育

第一节 乡村振兴战略的目标与内容

一、乡村振兴战略提出的历史背景

我国自古以来便是农业大国,不管是工业化发展缓慢的 20 世纪,还是工业化、信息化、城镇化以及现代化迅速发展的今天,农业、农村、农民都是我国的重要组成部分,是我国政府倍加关注的重大问题,因而农村建设也是我国发展的重大命题。过去百余年间,我国农村建设走过了三个重要阶段,即民国时期的乡村建设运动,改革开放以来的社会主义新农村建设以及新时代乡村振兴战略。

民国时期,我国政治动荡、农村经济崩溃、农村文化衰败,农村不能为国家的发展提供支持,在这一背景下,一批知识分子认识到农村对国家发展的重要性,以"救济乡村""复兴乡村"为口号,试图通过乡村建设救治中国社会。在民国乡村建设运动中,知识分子通过乡村建设试验总结出多种农村发展思想,比较著名的有晏阳初的"平民教育"思想,梁漱溟的"文化复兴"思想,卢作孚的"实业民生"思想,陶行知的"生活教育"思想以及黄炎培的"政富教合一"思想。民国时期的乡村建设运动虽然以小范围的乡村实验为路径开展,但是为我国提供了宝贵的乡村建设经验。

中华人民共和国建设之初,党和政府就把恢复农业看作整个国民经济恢复的基础,把发展农业当作头等大事。1956 年,邓颖超在第一届全国人民代表大会第三次会议上指出《高级农业生产合作社示范章程》是建设社会主义新农村的法规,这是中央领导人首次提出社会主义新农村概念。随着我国经济体制改革以及农村家庭联产承包责任制在全国的实行,我国农村改革大规模展开。改革开放以来,党和政府确立相关制度、颁发多项政策支持我国社会主义新农村建设。

进入新时代,《中共中央国务院关于实施乡村振兴战略的意见》对我国乡村建设做出重大战略布局,该战略布局主要基于我国社会主要矛盾,即我国社会主要矛盾已经转化为人民日益增长的美好生活需要和不平衡不充分的发展之间的矛盾,而这种不平衡不充分在我国农村表现得更为突出。中华人民共和国成立以来,我国农村发展以"城市偏向""以工促农""以城带乡"理念为基础,总体以农业现代化和农村经济发展为衡量标杆,指向的是农村发展速度。乡村振兴战略以"支持农村优先发展"为前提,以乡村的内涵发展为最终目标,指向我国亿万乡村人民美好生活的需要以及乡村特色化发展,这就意味着我国农村建设跨入了一个新纪元。

有学者对我国乡村建设的几个阶段进行了总结评价,指出民国乡村建设运动探索乡村如何实现发展的问题,改革开放以来的社会主义新农村建设探索乡村如何更快发展的问题,新时代乡村振兴战略布局则探索乡村如何更好发展的问题。

我国多年来的农村建设和农村改革,为我国农村战略的转向奠定了物质基础和理论基础,使其能够实现由量变向质变的飞跃。同时,"乡村兴则国家兴,乡村衰则国家衰",我国农村有着巨大的发展潜力,推动农村发展能够激发我国亿万农民的需求,能够激发我国新的经济增长点,这是中国共产党更新发展理念、转变发展方式、提升发展效益的重大决策,对于我国的持续发展具有深远的历史意义。因此,实施乡村振兴战略是新时代我国农村发展的现实需求,是全面建设社会主义现代化国家的重大历史任务,是新时代"三农"工作的总抓手,是我国谋求新发展的必由之路。

二、乡村振兴战略的目标及任务

乡村振兴战略为新时代农村建设指明了发展方向,是开启全面建设社会主义现代化国家新征程的重要指南。作为一项被写入党章的战略规划,乡村振兴战略是未来我国政府工作的主要内容之一,指明了未来农村发展的前进方向。中国共产党在党的十九大报告中提出"乡村振兴战略"概念并对其进行了说明,

第一章　乡村振兴战略与农村职业教育

《中共中央 国务院关于实施乡村振兴战略的意见》中对未来我国乡村振兴战略布局的目标和任务做了概括总结，《乡村振兴战略规划（2018—2022年）》中对乡村振兴战略做出了详细部署。乡村振兴战略是新时期我国在贯彻"创新、协调、绿色、开放、共享"的理念基础上，在国家致力于推动"新型工业化、信息化、城镇化、农业现代化"四化同步发展的战略大背景下提出的一种新的经济改革方向，是我国建设现代化经济体系的重要路径。作为现代化经济体系下的一个子系统，乡村振兴战略的目标和内容不是脱离系统单独存在的，而是与其他子系统目标的实现紧密相连的。通过对《中共中央国务院关于实施乡村振兴战略的意见》以及《乡村振兴战略规划（2018—2022年）》文件内容进行分析可知，乡村振兴战略要求未来我国在坚持7项原则，即坚持党管农村，坚持农业农村优先发展，坚持农民主体地位，坚持乡村全面振兴，坚持城乡融合发展，坚持人与自然和谐共生以及坚持因地制宜、循序渐进的基础上，通过党中央、各级政府机构、全国亿万人民的努力，"实现产业兴旺、生态宜居、乡风文明、治理有效、生活富裕"的总要求。总要求中产业兴旺是重点，生态宜居是关键，乡风文明是保障，治理有效是基础，生活富裕是根本。对未来的美好憧憬令人们心驰神往，但是让美好未来的蓝图变成现实不是一蹴而就的，而是需要脚踏实地、一步一个脚印地走出来的。秉持"循序渐进"原则，我国对实现乡村振兴战略总要求做了阶段化设计，并对每一阶段要实现的目标做出了具体要求。

（一）农村职业教育是乡村振兴战略的有机组成

农村是一个广泛、完整的社会系统，这个社会系统包含了各项子系统，比如经济系统、政治系统、文化系统等，各个子系统的正常运作推动了农村这个社会系统的良好运行。教育系统作为农村社会系统的子系统，亦对社会系统的发展有着重要的作用。教育科学发展以来，已经有诸多学者对教育系统的重要作用进行了论述，教育对政治稳定、经济发展、文化传承以及人才培养等都具有重要的意义。农村教育系统作为农村社会系统的子系统，对农村社会系统中其他子系统以及农村社会的发展有着无可替代的作用。"百年大计，教育为本"，我们要认识到教育系统在农村社会发展中具有的战略性地位。

职业教育系统是教育系统的重要组成部分，职业教育作为教育的一种重要类型，对于教育系统的发展、完善发挥着无可取代的作用。同时，与普通教育不同，职业教育在人才培养方向、类型以及社会服务内容方面都有着自身的独特性。近年来我国颁布多项政策、拨给大量经费大力发展职业教育，其目的在于完善职业教育体系，推动职业教育发挥自身优势，为各行各业培养各级各类人才。党中央的高瞻远瞩、全局统筹为职业教育的发展创造了政策环境，对职业教育的地位给予了高度认可。农村职业教育作为职业教育的重要组成部分，在助推农村教育发展、为农村培养人才以及为上层职业教育学校输送生源等方面均发挥着重要的作用。同时，农村职业教育作为乡村教育系统的重要组成部分，与农村教育系统、农村社会其他子系统都有着紧密联系，农村职业教育正常运作、发挥作用，对于推动农村教育系统和农村社会系统其他子系统更好地运行意义重大。

乡村振兴战略是未来我国农村发展的指导战略，是未来我国农村建设战略部署的总蓝图，为我国农村社会及其各子系统的发展指明了方向。乡村振兴战略落地生根需要农村社会系统中各个子系统的协同发力，同时只有各个子系统的共同发展才能促成乡村振兴战略的实现。因此，农村职业教育作为农村社会系统的重要组成部分，是乡村振兴战略的有机组成，这是乡村振兴战略与农村职业教育相互作用的基础。

（二）乡村振兴战略对农村职业教育功能发挥的影响

乡村振兴战略是我国进入新时代后提出的重要战略，标志着我国乡村建设的战略转型。这一背景对于农村社会系统有机组成的农村职业教育的功能必然会产生影响。

1.乡村振兴战略为农村职业教育功能的发挥提供了新环境

我国农村发展一直以来都是"国之重任"，农村建设经历了民国时期的乡村建设运动，经历了中华人民共和国成立以来长达半个多世纪的新农村建设工作，开始实施新时代乡村振兴战略。新时代、新战略为我国农村建设规划了新蓝图，对我国农村发展提出了更高的期望。随着战略的落地实施，农村经济结构、人才结构、产业结构、教育结构等将会有新的发展、新的成就、新的面貌。农村整体发展水平的提升必将会为农村社会系统中的农村职业教育的发展创造新环境。农村职业教育系统的教师结构、生源结构、资金来源、专业结构以及软硬件设备等，会随着乡村振兴战略的实施而在新环境里有新的发展契机。同时，乡村振兴战略中的诸多项目与农村职业教育联系甚广，能够为农村职业教育功能的发挥提供新的平台，从而促进农村职业教育的发展。此外，随着乡村振兴战略的落地，关于新战略下农村职业教育功能的相关研究将会越来越多，从而为农村职业教育功能实践创造良好的指导环境，有利于农村职业教育功能的发展。

2.乡村振兴战略对农村职业教育功能发展提出新要求

乡村振兴战略总目标"产业兴旺、生态宜居、乡风文明、治理有效、生活富裕"是前一阶段社会主义新农村建设总目标"生产发展、生活富裕、乡风文明、村容整洁、管理民主"的进阶，新的奋斗目标对乡村社会的方方面面提出了新的要求。要实现乡村振兴战略目标，需要把破解人才瓶颈、开发人力资本放在首位。农村职业教育作为农村教育系统的重要组成部分，是农村人才培养的重要方式。农村职业教育的发展目标定位、人才培养方向、专业设置等需要根据新战略对农村建设人才提出的新要求而升级、改造。同时，农村职业教育因其职业教育自身的社会性以及处于农村社会的地域性，对于农村社会政治、经济以及文化的发展也需要发挥一定的功能。事物要有新的结构和功能，才能适应已经变化了的环境和条件，因此，乡村振兴战略对农村社会发展的新规划也将刺激农村职业教育功能的调整。

(三) 农村职业教育功能发挥对乡村振兴战略的推进作用

乡村振兴战略是关于农村建设的重要战略，涉及农村发展的诸多方面，范围甚广。乡村振兴战略的实现需要调动农村社会系统各部门，其诸多项目内容的落地都需要农村职业教育发挥功能。

在乡村振兴战略部署中，实现乡村产业兴旺是重点目标。根据《中共中央国务院关于实施乡村振兴战略的意见》，实现这一目标需要培养"知识型、技能型、创新型"农业经营者队伍，优化农业从业者结构，从而引领农民创新创业，带动农村产业发展，提高农业现代化水平。职业教育因其自身的独特属性，对于培养技能型人才具有结构优势，同时，农村职业教育的地理位置特征对于农村人才的培养具有地缘便利性，能够根据当地风土人情，因地制宜、因时制宜地培养农村、农业人才。

良好生态环境是农村最大优势和宝贵财富。要使乡村发展为生态宜居的现代化村落，首先应该从治理环境问题、保护绿水青山开始。农村因为工业化发展缓慢，所以较好地保留了天然的良好环境。但是，农业作为农村的重要产业，在发展中出现了诸多环境污染问题，如秸秆焚烧污染、化肥农药污染、养殖粪污污染，等等。要处理好这些问题，首先要从农民的思想抓起，通过向农民普及相应的知识、教给他们相关的技能，来实现畜禽粪污处理、农作物秸秆综合利用、废弃农膜回收、病虫害绿色防控。在对农民进行相关知识、技能的普及的过程中，农村职业教育起着重要作用。乡风文明是乡村振兴的保障，乡村精神文明建设是其物质文明持续发展的动力和源泉。"乡风文明"目标包含以下项目：加强农村思想道德建设，传承发展农村优秀传统文化，加强农村公共文化建设，开展移风易俗行动。农民思想道德建设，农民职业道德的培养，农村农耕文化、传统文化的传承，乡村文化服务体系的健全以及农民科学文化素养的提高等工作内容均在农村职业教育的功能范围内，可以通过发展农村职业教育来实现。要把乡村建设成幸福美丽的新家园，人民的幸福感和获得感的提高至关重要，而要达到这一目标，实现农民生活富裕是根本。《中共中央国务院关于实施乡村振兴战略的意见》中对这一目标的实现手段进行了详细论述，其中农村高中阶段教育的普及、农民职业技能培训、乡村传统工艺振兴、信息技术的普及等这些内容的实现都能够通过发挥农村职业教育功能来实现。此外，农村职业教育作为乡村振兴战略的有机组成部分，其自身功能的发展对于乡村振兴战略的实现具有积极意义。

第二节　农村职业教育的内涵与特点

党的十九大做出"实施乡村振兴战略"的重大战略决策，意味着党把农业农村农民问题提升到"战略"新高度。农村地区是指除城镇以外农民聚集的地区，包括集镇（无组织城镇）和农村地区。乡村具有非常丰富的文化内涵，既具有地域属性、农业产业属性，又具有浓厚的传统地方文明元素。实施乡村振兴战略的总体要求是"产业兴旺、生态宜居、治理有效、生活富裕"。

"产业兴旺"需要产业振兴，要通过科技创新加快农业现代化，坚持发展优质农业，推广绿色、优质、特色、品牌农业。为实现产业振兴，要加快农村现代产业链体系建设，实现农村一二三产业融合和可持续发展；提高我国农产品国际竞争力；动员市场化服务组织，完善社会化农业生产服务体系。

"生态宜居"是指要重视农村自然环境的保护与修复。具体而言，一是加强农村生态系统治理；二是加强农村环境治理；三是提供绿色生态产品和服务，构建绿色、生态、环保的乡村生态旅游产业链。

一方面，要加强思想道德建设。一是"四德"建设：社会道德、职业道德、家庭道德和个人道德；二是强化"四意识"：责任意识、统治意识、集体意识、主人翁意识。要重视对优秀传统农耕文化的保护和传承，培养人文情怀和人文精神。另一方面,要加强农村公共文化建设,即加强公共服务体系建设。一是硬件文化设施建设,如多功能文化活动中心、文化站、农村图书馆等;二是软件文化建设,如提倡文化惠民、文化下乡,同时注重挖掘乡土文化人才。

"治理有效"是指建立健全现代农村社会治理体系,加强农村基层党组织建设、自治建设、法治建设、道德建设和社会治安防控体系建设。具体来说,农村基层党组织的建设,一是要吸引大学毕业生、退伍军人、机关企事业单位到村任职优秀党员和干部,二是要选择优秀的领导干部并帮助其进入党组织,三是建立农村党员定期培训新制度。自治建设是要加强四支组织队伍建设,包括村党组织建设、村务监督委员会建设、农村社会组织建设和农村社会工作志愿者队伍建设。法治建设,即要强化基层干部的法治观念,增强人民群众的法治意识,建立健全农村土地承包纠纷调解机制。道德建设就是要加强道德教育,通过发现、赞扬和发扬典型榜样,建立道德激励和约束机制。社会治安防控体系建设,即铲除帮派和邪恶势力,同时加强农村警务、消防、安全生产等公共安全治理。

"生活富裕",就是要重视发展职业教育特别是中等职业教育,加强农村教师队伍建设。鼓励农村劳动力转移就业,大力发展农村特色产业。在注重农村硬件基础设施建设的同时,实施数字农村战略;加强医疗卫生保障体系、城乡社会救助体系、农村养老保障体系、弱势群体护理服务体系四大体系建设。改善农村人居环境,加强"空心村"管理和服务改造。

农村职业教育与城市职业教育是相对的。目前,学术界对"农村职业教育"的概念还不统一。学者们从不同的角度对农村职业教育的概念做出了不同的释解。

农村职业教育主要服务于农村、农业和农民。具体而言,从教育范畴看,农村职业教育包括学历教育和非学历职业培训;从服务领域看,农村职业教育既要服务于农村经济社会发展,又要服务于城乡一体化。从农村职业教育的服务对象来看,服务对象不仅要包括农村青年学生、农村剩余劳动力、职业农民、专业投资者、家庭农场经营者、农民合作社负责人、农业社会化服务人员和返乡农民工等,要发展现代农业产业加工经营,还应包括返乡大学生、乡镇领导干部、乡镇机关公务员、乡镇事业人员、农村党员和当地人才等。从服务业的角度看,农村职业教育应服务于农村一二三产业的融合与可持续发展。从办学主体看,农村职业教育办学主体主要包括学校(农业广播电视学校、县级职业教育中心、农村成人文化技术学校、农业中专学校)、农业技术推广站、农技学校、农民专业合作社、涉农院校、农业科研院所等。

一、农村职业教育的内涵

农民教育是关乎国家发展的重大问题。人力资本理论是教育经济学的核心理论,该理论的代表人物美国经济学家西奥多·舒尔茨在长期的农村经济研究中发现,从20世纪初到20世纪50年代,促使美国农业产量迅速增长和农业生产率提高的重要因素已经不是土地、劳动力数量和物质资本,而是人的能力和技术水平的提高。舒尔茨认为,人力资本的形成主要靠教育和培训。教育可以产生"知识效应"和"非知识效应",能够直接或间接地促进经济增长。教育作为一种人力资本投资,是现代经济增长的主要动力和源泉。

20世纪80年代开始流行的新增长理论由罗默和卢卡斯创立。罗默认为,知识具有"溢出效应"(外部性),可分为两类:专业化的知识和一般知识。专业化的知识可以产生内部经济,给个别厂商带来垄断利润,垄断利润又形成个别厂商用于开发新产品的"研究与开发"的资金来源。一般知识可以产生外部经济,使全社会都能获得规模经济。内部经济和外部经济交织作用,不仅使单一产品或企业报酬递增,并且使要素投入和整个经济产生了报酬递增。卢卡斯是以人力资本的外部经济来建模的,他的模型说明了作为增长发动机的人力资本的积累是由源于人力资本外部效应的报酬递增所决定的。

从根本上说,教育的作用在于提高农民的综合素质和文明程度,实现人的"现代化"。我国农村职业教育和农民培训既肩负着培育职业农民和促进农民就业转移的双重任务,又在更广泛的意义上肩负着提高国民整体素质的任务。

近年来,国内一些专家从实证的角度研究分析了农村教育对当地农业和农民收入的影响,包括农民的市场意识、农业科技应用和结构调整。农村教育对农民劳动力市场竞争力(就业机会)和工资水平的影响包括当地非农就业和农民工就业两个方面。

农村教育是指发生在农村、针对农村人口、服务于农村经济社会发展的教育。对于大多数发展中国家来说,农村教育是在农业文明向工业文明过渡、城乡二元社会出现的历史背景下开展的。它旨在使农村人口获得知识和劳动技能。根据联合国教科文组织全国委员会秘书处的说法,农村教育指的是农村地区的基础教育、职业和技术教育以及成人教育,包括全日制正规文凭学习和非正规成人扫盲学习以及技能培训。

一般来说,可以从地区(农村地区)、教育对象(农村人口)和教育目标

（服务农村社会发展）三个方面加深对农村教育的认识。将农村人口作为农村教育的目标人群，需要特别重视农村教育服务于农村社会发展的功能。

在中国行政区划中，乡是农村基层的行政区划单位，村是我国农村地区的主体。镇往往是介于城市和农村的，分为县级镇、乡镇。县城，又称"县"，是一个特殊的区域单位。中国社会主义初级阶段的农村教育，是指县级及以下的教育，包括县、乡（镇）、村三级教育。但这一定义有些笼统，严格意义上的农村教育应该是以农业为主要产业的县级及以下教育，包括县、乡（镇）、村教育。因此，农村教育有广义和狭义之分。广义的农村教育是指所有县及县以下的教育，也可以被称为行政意义上的农村教育；狭义的农村教育是指以农业为主要产业的县域及县域以下的农村教育。

职业教育是在一定的通识教育的基础上，使劳动者和从业人员获得社会的某种专业、某种职业所需的专业知识、技能的教育。职业教育可使其具有高尚的职业道德，广泛的专业知识和熟练的专业技能，以满足个人就业需求和客观岗位需求，促进生产力的发展。从农村教育和职业教育概念的综合角度来看，农村职业教育可以被理解为发生在农村地区，以农村人口为对象，为农村社会各岗位所需的劳动者提供教育和培训，从而为农村经济社会发展服务。由此可知，农村职业教育主要教授农村学生和农民农业生产所需的知识和技能。然而，在"三农"背景下，在城乡二元社会结构的条件下，农村职业教育应更多地从农村职业教育的教育目标来考虑，使农村职业教育具有更大的现实意义。从地理上讲，农村职业教育并不一定在农村开展。事实上，大多数农业中专学校都在城市。只要是有利于农村发展，有利于提高农民收入、文化素质的职业教育和培训，就是农村职业教育，如对农村剩余劳动力转移的专业培训，实际上是对农村剩余劳动力在城镇的教育，这也是农村职业教育的一大特色。因此，农村职业教育既不能局限于农村，也不能局限于农业本身。

二、农村职业教育的特点

（一）农村职业教育的艰巨性

我国正处于社会主义初级阶段，人口众多，农村人口比重较大，农村职业教育发展水平有待进一步提高。然而，随着中国加入世界贸易组织和世界经济全球化趋势的加强，农村农业产业经营的新格局已经形成，农村特色产业结构迫切需要大量的管理人才和专业技术人才。

农村经济的稳定和农村职业教育的质量将直接影响到我国社会经济的整体发展和国民素质。农村经济乃至整个社会经济都必须建立在社会稳定的基础上,社会稳定是经济发展的前提。

发展农村职业教育,引导农民尽快致富是促进我国经济发展的必然要求。因此,大力发展农村职业教育是促进我国社会经济振兴的重要条件之一。

(二)农村职业教育的适应性

农村职业教育的重要任务是适应农村和谐社会的建设。构建农村和谐社会要以科学发展观为指导,大力发展社会事业,促进经济社会全面协调发展。特别是要大力发展教育、技能、文化、卫生等事业,在加强物质文明建设的同时,加强政治文明、精神文明建设。

农村职业教育的发展可以使广大农村群众的政治、经济和思想生活发生深刻的变化,从而有效遏制各种与现代文明不和谐的旧习,形成文明、健康、科学的生活方式。农村职业教育在普及科学文化知识的同时,积极传播先进的科学思想,能够改变农民的思维方式,提高农民认识世界、改变世界的能力和素质,使农民形成正确的人生观、世界观和价值观。现代职业教育不仅要培养学生具有能够立足于社会的专业能力,更要在学生确立人生目标的过程中,帮助学生发现自己的价值和意义。因此,农村职业教育应注重"以人为本",注重农民对生活的追求,开展丰富的文化活动,为农民提供健康的精神食粮,在满足农民物质需求的同时,进一步满足他们的精神需求。农村职业教育使农民接受培训,获得更多文明健康的生活常识,可以使其增加收入,养成文明健康的生活习惯,从而为构建农村和谐社会做出更积极的贡献。

(三)农村职业教育的终身性

职业教育在终身教育中处于十分重要的地位。《教育——财富蕴含其中》一书认为,终身教育建立在4个支柱的基础上,即学会认知、学会做事、学会共同生活和学会生存。其中,学会做事与职业技能联系密切,是人应具有的基本生存技能。实施终身教育的指导思想是"寻求教育的协同效应",即以学校教育为基础,实现家庭教育、社会教育等各教育部门的整合。农村职业教育作为农业发展、科技普及和农村教育之间的桥梁和纽带,是农村学校教育、家庭教育和社会教育的最佳结合。它紧密结合了家庭、社区、职业行业、文化机构、媒体等终身教育的具体环境,加强了社会各教育部门之间的联系,在农村终身教育体系建设中发挥了关键作用。因此,一方面要加快农村职业学校(包括学科、师资、校舍等)建设,尽可能满足农民及其子女多样化的教育需求;另一方面,要充分利用现有的学校教育资源,鼓励学校向农村社会开放,提高学校教育资源的利用率。根据农民居住在农村的事实,农村小学可以在节假日、夜间等时间段作为向农民传授科技文化知识的场所,并利用报纸、广播、电视、互联网等媒介对广大农民进行科技信息教育。

第三节 乡村振兴战略下的农村职业教育功能

一、我国农村职业教育功能的历史发展及其影响因素分析

对乡村振兴战略下农村职业教育功能进行研究,首先要对农村职业教育功能的历史发展进行分析,把握农村职业教育功能发展的影响因素,为乡村振兴战略下农村职业教育功能的研究提供历史依据,以更全面、系统地研究乡村振兴战略下农村职业教育的功能定位。考虑到农村职业教育在改革开放后进入了恢复发展期,本节以改革开放为起点,对 40 多年来我国农村职业教育功能的变化及其特征进行探析。

(一)我国农村职业教育功能的历史发展

国家相关政策文件对于农村职业教育的发展起着指引作用,引导着农村职业教育功能的定位与拓展。通过相应的政策文本能够获悉农村职业教育特定历史时期的功能指向、功能范围。因此,下文通过整理改革开放 40 年多以来我国农村职业教育发展的相关政策文件,梳理了 40 多年来我国农村职业教育功能的变化脉络。40 多年来我国农村职业教育功能发展大致经历了以下三个阶段。

1.农村职业教育恢复发展期的功能探索阶段(1978—2000 年)

改革开放后,农村职业教育不断发展,开始进入农村职业教育功能探索阶段。这一阶段出台了较多与农村职业教育发展相关的国家政策文件。通过对文件的分析,我们可以将农村职业教育功能探索阶段分为两小阶段。第一小阶段是 1978—1987 年农村教育振兴大背景下的农村职业教育功能探索时期。这一时期,随着我国政府对农村发展的重视,农村扫盲运动持续推进,1982 年颁布的《中华人民共和国宪法》中明确规定:"国家发展各种教育设施,扫除文盲。"农村扫盲运动主要以当时的青壮年农民以及农村基层工作者和从业人员为主,

表现在形式上便是当时农村农民文化技术学校的发展，可以说农村职业教育的发展是从农民职业技术教育开始的。这一时期的农村职业技术教育主要发挥助力扫盲运动、提高农民文化技术水平为农村建设培养人才的功能。第二小阶段是1988—2000年在"科教兴国"背景下农村职业教育的功能定位。1988年邓小平提出"科学技术是第一生产力"的论断，1995年5月6日，中共中央、国务院颁布的《关于加速科学技术进步的决定》首次提出在全国实施科教兴国的战略，这一时期我国的发展理念是经济建设依靠科学技术进步和提高劳动力素质，这种理念推动我国将技术教育的发展提上日程。同时，开始于20世纪80年代初的中等教育结构调整和教育体制改革，自20世纪90年代的农村教育改革实验的开始得以在农村真正地实施、推行，从而推动了农村职业教育的振兴。20世纪90年代，随着河北县级职教中心模式的推广，我国农村职业教育在全国范围内迅速发展，国家对职业技术教育的推动以及《中华人民共和国职业教育法》的颁布都推动了农村职业教育的发展，农村职业教育学校作为农村中等教育结构重要组成的地位被确立，作为职业教育体系重要环节的身份被肯定，作为农村技术教育发展和科技推广的重要阵地被重视，作为农村人才培养的重要途径被正视。当时，农村职业教育主要由初等职业教育和中等职业教育组成，主要包含学历教育和短期培训，主要功能包括服务科教兴农战略、服务农村经济发展、优化农村中等教育结构、助力职业教育体系完善、推广普及科学技术、提高农村新增劳动力与从业人员素质。此外，初等职业教育还承担了未普及义务教育农村地区的九年义务教育普及任务。这一阶段农村职业教育功能指向农村内部社会，是以为培养农村发展需要的各类人才，推动农村、农业发展为主要目标的。

2. 农村职业教育内生发展期的功能强化阶段（2001—2010年）

随着我国社会经济的发展，大量农村劳动力涌向城市，但是绝大多数进城务工人员的技术技能水平并不能使其良好就业、服务城市经济发展，同时农村社会发展缓慢不能为大量新增劳动力提供就业岗位。为顺应时代要求，这一阶段农村职业教育承担起了提供进城务工人员职业教育与培训、农村富余劳动力转业培训的任务，这种培训任务成了这一阶段农村职业教育社会服务的重要功能。农村职业教育培训的这种必要性使其在农村终身教育体系构建中发挥着重要功能。

进入21世纪，我国"两基"任务基本完成，国家开始将重心转移到高中阶段教育的发展与职业教育质量的提升上。与此同时，受高等教育扩招的影响，我国中职学校的发展陷入生源困境，农村家长的教育观念使得农村中职学校受其影响更甚，农村职业教育必须寻求自身发展。从2004年开始，我国多次以一号文件形式聚焦"三农"，农业、农村、农民的发展成为这一时期的国家重点任务。这为农村职业教育发展提供了良好的环境，促使农村职业教育发挥自身特色，提高教育质量，在第一阶段的功能定位上强化自身功能来提高对农村学生的吸引力，巩固自己在农村教育系统的地位，以此来促进自身可持续发展。从2005年发布的《国务院关于大力发展职业教育的决定》开始，国家出台多项政策、提出多项举措推动职业教育发展，也推动了以中等职业学校为主的农村职业教育的发展。农村职业教育遵循"以服务为导向，以就业为导向"的职业教育发展理念，强调提高中职学生的知识技能水平，使自己促进中职学生就业的功能得到了加强。需要强调的是，在这一时期，中国建立和完善了中职学生资助政策体系。这一政策的实施，使农村职业教育承担了促进教育补贴政策实施、促进教育公平、促进高中教育普及的职责。通过文献回顾可以看出，这一阶段是农村职业教育巩固其教育地位的重要阶段。在服务"三农"的社会环境中，随着农村职业教育质量的提高，技能人才培养和就业服务定位的基本功能得到加强。农民职业技术培训由培养农村建设人才向服务农村剩余劳动力转变，其服务农民技能提升的功能不断得到增强。农村职业教育促进了农村教育发展，通过协助"两基"实现普及高中教育，承担了九年义务教育后的另一项功能，促进了农村教育公平，优化了高中教育结构。现阶段，农村职业教育的发展不仅实现了"为农"的功能，而且"离开农"的趋势也日益明显。

3.农村职业教育改革发展期的功能创新阶段（2011—2018年）

以《国家中长期教育改革和发展规划纲要（2010—2020年）》颁布为契机，我国农村职业教育进入改革发展阶段。经过前两个阶段，我国农村职业教育的功能定位基本明确。随着我国教育改革时期的到来，农村职业教育进入了功能创新阶段。在此期间，国家推动农业改革的发展，农村职业教育在农业现代化的环境下，配合国家鼓励承包地流转的政策，通过技术培训使农民成为懂技术、善管理的新型专业农民；从专业结构上推动涉农专业发展，重视发展农业职业教育，充分发挥涉农专业的培养功能。在促进农村职业教育发展功能方面，要逐步完善我国职业教育布局结构整体优化功能。随着国家对传统艺术传承重视度的提高，农村职业教育开始发挥普及民间艺术、传承传统艺术的作用。此外，随着国家对高中阶段教育普及重视度的提高，农村中等职业教育促使农村高中阶段教育普及进入了一个关键时期,并开始从定量普及向定性普及转变。经过国家对中等职业教育阶段教育改革采取的一系列措施,包括实施现代职业教育质量提升计划、实施中等职业教育基础能力建设项目、职业教育信息化教学竞赛的举办,职业教育指导工作的推进,农村职业教育示范县的筛选等,我国农村职业教育完善了基础建设,提高了人才培养能力,开始从"以教师为主导,以知识为基础"向"以学生为中心,以能力为基础"转变。在这一阶段,农村职业教育的"为农"与"离农"功能开始同步发展。

(二)我国农村职业教育功能发展的影响因素分析

1. 农村职业教育功能发展受国家政策牵引

农村职业教育功能的发展是由国家政策主导的。第一,在国家农村发展战略的影响下,农村职业教育的职能完成了从服务"科教兴农"到服务新农村建设再到服务农业现代化改革的转变。第二,受农村经济发展政策的影响,农村职业教育的职能已由促进农业技术推广服务向促进农村经济复苏、促进剩余劳动力转移、促进农民致富转变,再以培育的职业农民推动农业供给侧结构性改革。第三,受国家教育发展政策的影响,我国农村职业教育的重点已经从服务扫盲运动转向推动九年职业教育普及,再转向助力高中教育普及。第四,在我国职业教育发展政策,特别是中等职业教育发展政策的影响下,农村职业教育以中等职业教育为主。40多年来,国家中等职业教育发展政策对农村职业教育功能的发展起到了重要的引领作用。

农村职业教育功能发展受多部门指导。农村职业教育经过40多年的变迁历程,如今已经形成了"县、乡、村三级职业教育和培训体系"。农村职业教育既包含了以学历教育为主要任务的农村中等职业学校,也包含了以农民文化技术教育培训为主要任务的农业电视广播学校、县/乡农民文化技术学校以及以农技推广为主要职责的农技推广中心,这些组成部分有效发挥了各自的功能,共同推进了农村职业教育的发展。但是,在文献梳理中笔者发现这些机构是由不同部门领导的,如中等职业学校、县/乡农民文化技术学校是教育部直属的,而广播电视大学和农技推广中心是农业农村部直属的,因此,不同机构的功能设定必将受到其直属领导部门的指导。此外,随着农村职业教育发展需求的提升,其需要来自多方的支持,涉及财政部、民政部、国务院扶贫办、国家发展改革委以及人力资源社会保障部。在多部门支持下,农村职业教育的功能指向也必然是多方协作、博弈的结果。

2.农村职业教育功能发展受办学质量影响

农村职业教育经历了三个发展阶段：恢复期、内生期和改革期。在这三个时期，随着农村职业教育政策环境、教育水平、经费保障水平、资源建设水平、校企合作水平、教师素质水平、农村职业院校软硬件装备水平的发展，农村职业教育办学质量大幅度提高。不同发展时期的农村职业教育有不同的侧重点，如农村职业教育功能从初中毕业后为青年就业提供短期职业技术培训，到培养学生就业创业能力，再到培养高素质劳动者和发展教育所需的技术技能；从帮助实现"两个基础教育"的发展，到帮助普及高中教育，再到帮助农村建立终身教育体系；从提高农民的科学文化水平发展到培养有文化、懂技术、会经营的职业农民。此外，随着中国农村职业教育质量的提高，中国农村职业教育的功能不断扩大，包括了服务教育、弘扬传统工艺传承、弘扬工匠精神。可以说，农村职业教育办学质量的提高为农村职业教育功能的发展提供了保障。

3.农村职业教育功能发展受发展环境制约

发展环境可用某一区域的经济水平、文化教育水平、人口社会和自然资源水平及变化趋势等指标表示。农村职业教育的发展离不开其环境提供的条件和提出的要求。一定的经济、科技、文化教育、人口和资源现状及趋势，决定了农村职业教育的发展走向。例如，经济体制的改革要求农村职业教育建立与之相适应的办学管理体制；经济增长方式的转变要求农村职业教育优化资源的配置，不断改革课程结构、教学内容，走高质量、高效益的内涵式发展职业教育的道路。农村产业结构和劳动力就业结构的调整和变化，农村劳动力流动和转轨时期农村劳动者职业的急剧分化，对农村职业教育的层次结构、专业结构、学校布局结构也会提出不同的要求。农业产业化、农业科技进步、乡镇企业及其他产业技术含量的提高，将导致农村劳动力的转岗与再就业，农村职业教育的办学形式、发展手段也会随之而变。因此，要发展具有区域特色的农村职业教育，必须认真研究本地经济、社会发展的现状和未来发展趋势，研究有利条件和不利因素，只有在此基础上形成的发展模式才能比较科学并合乎实际。

4.农村职业教育功能发展受发展目标影响

将发展目标作为农村职业教育发展模式的影响要素之一，不仅是因为它对区域内农村职业教育的发展起着导向作用，而且对区域内农村经济社会发展具有直接的影响。有关研究表明，在经济社会发展的不同阶段，教育发展与经济社会发展的相关程度不同，即只有某种类型和层次的教育才能够对某种经济发展类型的地区产生比较直接和充分的推动效应。一般来讲，中等发达地区将普及初中阶段教育及培养培训中间层次的技术型劳动者作为教育发展的重点，同时针对主导产业对高级技能型人才的需求，积极稳步发展高等职业教育。发达地区在完成了普及九年义务教育任务后，教育任务会相应改变。因此，一定的环境条件要求农村职业教育有相应的发展目标。

二、乡村振兴战略下的农村职业教育功能定位

近年来，国家积极推动我国农村职业教育的发展。但是，我们要认识到农村职业教育作为农村教育系统的重要组成部分，其在助力乡村振兴战略中虽然能够发挥自身作用，但其功能也是有限的。前文中对我国农村职业教育功能的历史发展、影响因素进行了分析，为农村职业教育功能的探析奠定了基础，能够帮助我们理性分析乡村振兴战略下的农村职业教育功能定位。

（一）乡村振兴战略下的农村职业教育人才培养功能探析

国务院关于乡村振兴战略的实施意见中指出人才是战略实施的瓶颈，这足以看出人才对于农村社会发展的重要作用。农村职业教育是农村社会教育系统的重要组成部分，在乡村振兴战略实施过程中，其功能首先就体现在人才培养上。与普通教育不同，农村职业教育在人才培养功能的发挥上主要应表现在以下几方面。

1.乡村振兴战略下农村职业教育发挥农村人口学历提升功能

农村职业教育是农村教育体系的重要组成部分，也是我国教育体系的重要组成部分。它可以通过系统内部的联系和沟通，为农村人口的学历提升提供一条途径。首先，农村职业教育改善农村人口受教育背景的功能为初中毕业后脱离普通高中的学生进入高等教育系统提供一条路径。农村中等职业学校属于高中阶段教育，也是职业教育体系的基础阶段，初中毕业后约一半的学生有机会接受高中阶段教育。进入农村中等职业学校的学生，在接受三年中等教育后，可与普通高中学生一起参加全国普通高等学校招生考试，可以通过文化课考试进入本科学校，也可以单独参加招生考试，通过文化课程和专业课程的考试，进入高职院校或申请本科大学，还可以参加对口高考升入高职院校、高等院校等高等教育院校。近年来，随着国家对职业教育的推进，我国职业教育体系逐步完善，普通职业教育不断完善，中职学生升入高校的渠道更加畅通。在这种环境下，我国农村中等职业学校的教育质量不断提高，为我国高等教育学校提

供了越来越多的学生，促进了农村学生教育水平的提高。其次，农村职业教育改善农村人口受教育背景的功能为初中及以下学历的农村成人提供了继续受教育的机会。例如，农村职业教育体系中的成人中专可以为初中及以下学历的农村居民提供便利的渠道，为他们提供接受继续教育的机会，提高农村居民的受教育水平，促进他们的知识更新，使他们能够更好地适应社会的发展变化。总之，在乡村振兴战略的实施过程中，我国农村职业教育需要发挥提升农村居民学历的作用，要改善农村居民的学历结构，提高农村居民的素质水平，为乡村振兴战略的顺利实施创造更好的人力资源环境。

2.乡村振兴战略下农村职业教育发挥农村技能人才培养功能

除了学术教育，农村职业教育的最大优势是可以依靠自身的教育资源进行长期和短期的职业技能培训，充分发挥技术人才的培训功能，培育技术人才以促进农村社会的发展，优化农村社会人才结构。第一，农村职业教育对农村技术人才的培训功能体现在职业农民的培养上。有文化、懂技术、善经营的职业农民，是实施乡村振兴战略的重要人才保障，是影响农业现代化发展的重要因素。因此，农村职业教育通过积极承担社会责任，可以为现代农业建设培育三种职业农民，即生产经营型、专业技能型和社会服务型。第二，农村技术人才在农村职业教育中的培养功能还体现在对农村手工艺人、文化专家和非家族接班人的培养上。传承优秀传统文化和民间技艺是繁荣乡村文化的重要途径，也是乡村振兴战略的目标之一。农村职业教育可以为农村社会发掘一批农村工匠和文化专家，培养一批非家族传承人，通过职业教育和技能培训，促进农村优秀文化和传统技能的传承和发展。第三，农村职业教育的培训功能还体现在对受过职业培训的中级技术人员、管理人员、技术人员和工人的培训上，以促进农村社会各行各业的发展。从前文对农村职业教育类型结构的分析中可以看出，农村职业教育属于职业教育类型的教育组织或机构，其发展目的是培养技能型人才。同时，从层次结构分析来看，大部分农村职业教育属于中等教育层次。因此，农村职业教育可以利用自身的资源，通过校企合作、工学结合，为农村社会各行各业的发展培养中级技术人才。

3.乡村振兴战略下农村职业教育发挥农村转移劳动力培训功能

刘易斯二元结构理论认为，发展中国家经济发展的核心是引导农村剩余劳动力向城市工业部门转移，推动城乡二元结构向一元结构转变。我国农村大多以第一产业为主，随着农业机械化的普及，农业现代化的发展对劳动力的需求会减少；第二、三产业大多位于城市地区，因为其发展需要增加劳动力。据第七次全国人口普查公报显示，我国农村人口占中国总人口的36.11%，但农村社会却无法满足农村居民的就业需求。这种城乡差异和产业结构特征决定了中国农村剩余劳动力将由第一产业向第二、第三产业转移，并由农村向城市转移。

农村职业教育可以根据农村地区的产业结构和具体发展状况，以及周边城镇的劳动力需求状况，利用自身职业教育资源，对农村剩余劳动力和农民工进行长期或短期的职业技能培训。通过对农民工实施职业技术培训，可以提高他们的职业技能水平，培养他们良好的职业道德，使他们能够更好地适应不同的行业要求和新的工作环境。实施乡村振兴战略的具体目标包括促进农村劳动力转移、增加农民收入，而职业技能培训则是实现这些目标的助推器。

（二）乡村振兴战略下的农村职业教育教育发展功能探析

优先发展农村教育事业是提高农村民生保障水平的重大举措之一，是乡村振兴战略实施的重要抓手。百年大计，教育为本。发展教育事业、推动教育事业繁荣昌盛对于一个地区的持续发展有着举足轻重的作用。农村职业教育事业发展是农村教育事业发展的重要路径，对于农村教育事业的发展起着不容忽视的推动作用。统筹把握乡村振兴战略下我国农村职业教育的教育发展功能主要包括了以下内容。

1.乡村振兴战略下农村职业教育发挥普及高中阶段教育功能

进入21世纪以来，中国基本完成了九年义务教育普及和青壮年文盲扫除。随着我国社会经济的发展和人民生活水平的提高，国家对教育的需求不断增强。高中阶段教育是我国教育体系的重要组成部分，普及高中阶段教育是巩固九年义务教育成果、提高劳动力受教育年限的重要途径。新时期，高中阶段教育大众化已成为我国国民教育发展的重中之重，我国高中阶段教育大众化已进入关键时期。因此，推进农村高中教育普及已刻不容缓。

中等职业学校属于高中教育，它不同于普通教育，但与高中教育具有相同的地位。在我国教育发展的过程中，中等职业教育已经接收了绝大多数初中毕业生，为他们提供了继续接受教育的渠道，扩大了我国高中教育的比例，并促进了我国整体素质的提高。同时，经过多年的努力，在21世纪初，中国的政策体系建立和完善了中等职业学生，使中等职业学校的学生可以顺利完成学业，有利于促进教育公平。农村职业教育中的中等职业教育是我国中等职业教育的重要组成部分，是农村高中阶段教育的重要形式。在国家振兴的时代里，农村中等职业学校在学生初中毕业后可以通过分流招收具备高中学历的学生,使农村适龄学生在接受九年义务教育后有机会继续接受高中教育,推进农村高中阶段教育普及,推动国家高中阶段教育普及的关键计划的实施。

2. 乡村振兴战略下农村职业教育发挥优化农村教育结构功能

合理的教育结构对促进区域经济、文化和社会发展具有重要作用,调整教育结构是提高教育经济效益的重要途径。促进农村教育结构优化发展,提高农村教育发展活力,对促进我国农村教育繁荣具有重要的现实意义。

首先,农村职业教育属于职业教育的类型。与普通教育不同,职业教育的主要目的是培养学生的技术技能。围绕这一宗旨,职业教育学校的专业设置、课程设置和师资队伍建设都不同于普通教育。发展农村职业教育可以丰富农村教育类型,优化农村教育总体结构,为农村教育发展提供多样化的形成。其次,农村中等职业学校向高中教育转变,为学生提供了学历教育和晋升渠道,同时,中等职业学校、成人中等学校、广播电视大学农业科技学院文化与农民职业教育组可以利用自身资源开展职业培训,承担农民职业培育新任务,组织农村劳动力转移培训工作。农村职业培训教育对开发农村人力资源、提高农村劳动力素质具有重要作用,有利于促进农村学历教育与职业培训的联动发展,优化农村教育的形式结构,促进农村教育的可持续发展。

3. 乡村振兴战略下农村职业教育发挥发展农村继续教育功能

继续教育是所有社会成员在接受学校教育后进行的一项教育活动。它为各行各业的人提供了继续学习的机会,是对社会工作人员进行校外教育的更新、补充、拓展和提高的一种高层次的附加教育。继续教育的对象主要是成人,教育形式包括成人高考、自学考试、网络远程教育、广播电视大学等,为社会大多数成员提供了丰富的继续教育方式。随着我国社会的发展、产业结构的调整和科学技术的快速发展,社会成员接受校外继续教育的需求越来越突出。继续教育已成为正规学校教育后人力资源开发的重要途径,是终身教育体系的重要组成部分。

随着我国农村社会经济的发展,农业生产知识不断更新,农业生产技术发生剧烈的变化,互联网通信技术发展迅速。农业生产经营需要从业者具有更完整的知识结构、更现代的知识体系和适应社会变化的能力。因此,开展农村继续教育,促进农业生产经营者知识的更新和拓展,对于改善我国农业生产经营者结构具有重要意义,对实现我国农业现代化的发展目标具有重要作用,对实现乡村振兴战略具有重要影响。农村职业教育可以促进各种教育组织体系的发展，可以依托其地理优势、资源优势为农业生产经营者提供继续教育的路径，如提高农业生产经营人员接受继续教育的积极性、提高农民的生产经营技能和文化水平，促进农村继续教育的发展。

4.乡村振兴战略下农村职业教育发挥发扬农村劳动教育功能

改革开放以来，我国的社会状况发生了翻天覆地的变化，经济水平得到了迅速提高，科学技术也得到了较快发展。生产劳动是人类社会生存和发展的基础，是人类最基本的实践活动。对学生进行劳动教育，可以帮助学生树立正确的生产劳动观念，使其形成良好的劳动习惯，培养其热爱劳动和劳动人民的情感。我国历届领导人以及各教育大家都强调教育和生产工会的重要性，劳动教育多次作为教育政策被列入我国各项教育政策和教育发展规划。

职业教育是使受教育者获得某种职业或生产所需要的专业知识、技能和职业道德的教育。它的社会和现实特点决定了它在发展劳动教育方面具有独特的优势。农村中等职业学校根植于农村社会，传承着历代农村人的劳动文化，积淀着无数农村人的劳动智慧。农村中等职业学校最能响应国家职业教育改革的实施方案，因地制宜地开发劳动教育课程，与农村中小学合作开展劳动职业启蒙教育；最能帮助中小学生树立正确的劳动价值观，培养中小学生热爱劳动、尊重劳动的精神，提高中小学生动手实践能力。

（三）乡村振兴战略下的农村职业教育社会促进功能探析

职业教育的社会功能包括了政治功能、经济功能、文化功能和促进科技进步功能，农村职业教育作为职业教育的重要组成亦应该具备这些功能。同时，在乡村振兴战略下、在农村社会大背景中，其功能的具体指向又有其特殊性。

1.乡村振兴战略下农村职业教育的政治功能

首先，乡村振兴战略下农村职业教育的政治功能体现在国家战略和政策的顺利推进上。新时代，中国农村发展进入乡村振兴时代，相关部门发布了一系列促进乡村振兴的指导文件，如《中共中央国务院关于实施乡村振兴战略的意见》。乡村振兴战略是对中国未来乡村发展的规划。农村职业教育作为农村社会的组成部分，可以在实施乡村振兴战略中发挥自身的作用，根据乡村振兴的战略部署和目标，特别是在加强对农村人才的支持方面，调动制度中的各要素。

其次，在乡村振兴战略下，农村职业教育可以发挥提高农村居民政治素质的作用。农村职业教育作为农村教育体系的重要组成部分,可以在一定程度上渗透对农民的教育培训以及其他形式的思想政治教育,帮助农村人口了解国家制定的政策、方针,掌握法律法规和社会主义核心价值观的基本知识,提高农村人口的民主观念、法治意识,提高农村居民的政治参与能力,提高我国农村居民的政治素质。

再次,乡村振兴战略下农村职业教育的政治功能还体现在阶层流动和农村社会稳定上。受年龄和教育水平的限制,某些脱离中考的学生不是很成熟,如果他们不能继续接受教育,提高素质水平,很有可能成为农村社会乃至周边城镇发展的不稳定因素。农村中等职业学校是农村高中教育的一个重要组成部分,为农村中学生提供了接受高中教育的机会,并为他们进入高等教育提供了一种方法,有利于继续提高他们的素质水平,有利于他们思想的成熟。农村职业教育开展的职业农民培训,可以提高农民的技术技能,提高农民的收入水平和生活质量,促进"农民"成为"富裕、体面、安全"的职业,改变农民的社会地位。向前、向上发展是人类的共同愿望。农村职业教育可以为农村居民提供一种向上流动、向前发展的途径,使他们有机会在社会发展环境中通过努力实现自己的社会目标,分享社会发展成果。这有利于社会稳定,为乡村振兴提供了良好的社会环境。

最后,在乡村振兴战略下,农村职业教育具有促进城乡和谐发展的政治作用。农村社会是中国的重要组成部分,是中国发展的重要力量。促进城乡和谐是我国实现现代化的重要举措,也是党中央、国务院推动国家整体发展的重要方向。农村职业教育可以为农村学生提供接受高中阶段教育的机会,为数以千万计聚集在城市的学生提供高等教育的途径;可以通过与城市职业学校的合作,获得优质的职业教育资源,促进城乡职业教育的合作发展;可以为农村建设培养人才,促进农村社会发展,缩小城乡差距;可以培养农村剩余劳动力,为城市发展提供所需人才,促进劳动力转移;可以提高农民的文化和技术水平,从而促进农民"市民化"的发展,提高农民的城市适应能力。实现城乡和谐发展,缩小城乡差距,是乡村振兴战略的主题。农村职业教育对促进城乡和谐发展具有重要作用,有助于乡村振兴战略职业教育在促进城乡和谐发展方面大有作为,能够助力乡村振兴战略的施行。

2. 乡村振兴战略下农村职业教育的经济功能

舒尔茨人力资本理论强调了教育投入对于企业进步、经济发展的重要性。职业教育作为与企业和社会联系最为密切的教育类型,与经济发展有着千丝万缕的关系。职业教育能够通过技术技能型人才培养、劳动力资源配置等方式推动经济发展。乡村振兴战略下，农村职业教育要根据农村社会的地缘特征、产业状况以及时代要求发挥自身经济功能，助力农村经济发展。

乡村振兴战略下农村职业教育的经济功能主要体现在助力农业结构调整、升级，构建现代化农业体系上。产业兴旺是乡村振兴的重点。农村社会以农业为主，振兴乡村重点在于振兴农业。发展农业能够在保护乡村特色的同时促进农村经济发展，对于农村社会的延绵以及可持续发展有着重大意义。农业产业要发展、要振兴便不能只拘泥于关注生产的小农经济，而是要不断提高农业创造力、竞争力，推动农业生产、营销、服务共同发展，延长农业生产链、提升价值链、完善利益链，建立现代化农业体系，推动农业结构调整、升级。

首先，农业从业者是农业产业发展的关键，农业从业者的结构、素质影响着农业产业的发展方向和发展质量。农村职业教育可以根据农业产业发展需求、发展前景，利用自身教育培训资源，通过产教融合、校企合作等方式大力培养现代农业产业所需的人力资源，从而优化农业从业者结构，提高农业从业者素质。其次，"科学技术是第一生产力"，提高农业生产相关技术水平，推动互联网科技普及以及电子商务技能发展对于推动农业产业模式更新、推动农业产业创收、发展现代农业意义重大。农村职业教育，尤其是农民文化技术学校以及农技推广中心能够利用农闲时间，以夜校、半日学校等多种形式，通过集中培训或者送教下乡的方式，因时制宜、因地制宜地进行农技推广、互联网知识普及以及电子商务技能培训。最后，习近平总书记说过"绿水青山就是金山银山"。生态环境也是生产力，是经济发展的新动力。农村地区因种种历史原因，保存了良好的生态环境，为农村经济可持续发展提供了良好的条件。农村职业教育能够通过利用自身资源面向乡村社会，并通过多种渠道开展环保意识教育，提高农村居民的环保理念。同时，农村职业学校能够与高等职业学校、农业学校协作，开展农业污染防治技术培训以及农业生态产品开发技术培育，推动生态农业、绿色农业发展，打造新的农业产业经济增长点。

3.乡村振兴战略下农村职业教育的文化功能

职业教育是处在一定文化背景中的教育系统，文化以其自身的约束力、影响力潜移默化地渗透到职业教育系统的每一个角落。可以说，职业教育系统本身就是一定文化的存在和展现。同时，职业教育在发展过程中通过对文化的选择、传递、保存等方式促进着文化的发展，发挥着职业教育的文化功能。乡风文明是乡村振兴的保障。文化是农村社会的灵魂，没有文化的繁荣兴盛就没有农村社会的振兴发展。农村职业教育地处农村社会，对于农村文化的传承、发展有着至关重要的作用，在乡村振兴战略中农村职业教育要积极承担起文化传承和创造的职责，发挥农村职业教育的文化功能。

首先，乡村振兴战略下农村职业教育的文化功能体现在加强农村思想道德建设上。人民有信仰，国家有力量，民族有希望。思想道德建设是社会主义精神建设的关键方面，是公民道德建设的重要途径，也是提高社会文明程度的主要手段。农村职业教育体系既可以对适龄学生进行教育，又可以对农业工作者、农业生产者等农村群体开展培训；既可以进行正规课堂教学，也可以深入人民群众，在工厂作坊、田间地头进行教育宣传。农村职业教育的包容性以及灵活性，使其成为建设农村思想文化教育阵地的良好选择。农村职业教育可以通过现场教学、网络教育以及广播宣传等方式，通过利用国家思想建设平台以及挖掘当地道德教育资源，面向农村社会弘扬民族精神、时代精神以及社会主义荣辱观；加强农村居民爱国主义、集体主义以及社会主义教育；加深社会主义核心价值观教育；推进农村社会公德、职业道德、家庭美德以及个人品德建设。农村职业教育通过组织一系列思想道德建设活动，有助于增强农村居民的思想认识、提升农村居民的道德水平、提高农村社会文明程度。

其次，乡村振兴战略下农村职业教育的文化功能表现为对农村优秀传统文化的传承。农村社会有着悠久的历史，在漫长的发展过程中形成了自己独特的风俗文化，反映了中国农村社会和农村生活方式，是中国物质和非物质文化遗产的重要组成部分。保护和传承优秀的乡村传统文化，是我国乡村振兴的重要任务。农村职业教育通过对农村文化的选择、保留和传播，能够更好地完成农村优秀文化传承的任务。农村社会以农业生产为主导，在农业发展过程中积累了丰富的农耕文化，如"春夏生长、秋收、冬藏"等农业生产规律，农业与自然和谐共处的哲学，"勤劳出成果"的"农法典"和充满农民智慧的农具，都是农村社会宝贵的文化资产。农村职业教育可以深入挖掘这些资产中蕴含的优秀人文精神，充分发挥其在诚信民风中的重要作用，有助于农耕文化在农村社会中的延续。此外，农村社会经过几代人的发展，流传下来的各种传统家庭工艺、民间戏曲等丰富的民间文化，是中国的文化瑰宝，也是中国农村社会传承和发展的基石。农村职业教育可以根据当地实际情况，以学校设置专业或职业培训的形式授课，为农村手工艺的发展培养一批传承人，促进农村手工艺的传承与更新。

再次，乡村振兴战略下农村职业教育的文化功能体现在促进农村公共文化事业的发展上。党的十九大明确指出,我国社会主要矛盾已经由人民日益增长的物质文化需要同落后的社会生产之间的矛盾转变为人民日益增长的美好生活需要同不平衡不充分的发展之间的矛盾。习近平总书记指出,满足人民过上美好生活的新期待,必须提供丰富的精神食粮。因此,要促进农村文化事业的发展,建立农村公共文化服务体系,满足新时期乡村振兴战略实施中农民的精神需求。农村职业教育由于其制度结构和职业特点,能够促进农村公共文化服务的发展。第一,在农村职业教育体系中,县乡两级农民文化技术学校可以发挥农村公共文化服务机构的作用,组织开展群众性文化活动,帮助建立和完善农村公共文化服务体系。第二,农村中等职业学校拥有文化艺术专业、教师和文化艺术创作相关资源。因此,农村中等职业学校可以根据农村社会的实际情况,组织教师和学生利用当地的材料创作以"三农"为主题的文艺作品,反映农村生活实际,促进农村文艺事业的发展。第三,通过挖掘、培养和扶持一批农村"文化专家",发挥农村职业教育的"头雁效应",促进农村居民文化生活的繁荣发展。

最后,乡村振兴战略下农村职业教育的文化功能体现在促进农村风土人情的变迁,提高农民的科学文化素养上。中国农村社会经过几千年的发展,传承下来的文化习俗丰富而复杂,农村地区优秀的传统文化是我们国家的财富,我们应该保护和继承它们。同时,我们应该识别并抛弃部分不良文化,充分发挥农村职业教育的文化功能,培养高素质农民,形成良好乡风。

农村职业教育基地可以作为农村科普机构,建立科学示范点、活动站,利用职业教育实验室资源、实践基地、网络信息资源,对农民开展科技教育、农村科普活动,指导农民进行科学技术发明创造,向农民普及科学知识,提高农民的科学素养,使其树立科学信念。农村职业教育是担负起弘扬农村科学精神、帮助农民抵制腐朽落后文化任务的良好选择。

第二章 农村职业教育与乡村振兴中"三农"的关系

第一节 农村职业教育与乡村振兴中农业的关系

农业是农村的主业,是农村富裕和农民富裕的基本基础。解决"三农"问题,根本在于大力发展农业,实现农业现代化。加快先进农业科技的应用和推广,是农业发展的关键。由于农民是农业生产经营的主体,也是农业技术应用的主体,农民的科技水平和应用先进技术的能力自然成为影响农业发展和农业现代化水平的主要因素。再先进的科技成果和技术,如果不能被农民掌握和应用,就不能转化为真正的生产力。发展农村职业教育,提高农民的科学文化素质,是农业科技推广和传播的基础。

农业问题,主要是需要改变农业生产方式落后、产业化的问题。农村职业教育对建设现代农业、促进农村经济发展具有重要作用。要想解决好"三农"问题,促进农村经济发展,必须走现代农业道路。现代农业需要广泛应用现代科学技术,改变传统的农业生产方式,大幅度提高劳动生产率,从小农经济向高度社会化的农业商品生产体系发展。现代农业的发展表明,劳动力智力和技术水平越高,农业生产力水平越高,创造的产品越多。

舒尔茨认为教育是一项具有巨大回报的投资,并认为落后地区落后的关键原因是缺乏知识和技能。只有大力发展教育,加大人力资本投入,使农村人力资源转变为人力资本,才能实现农村的快速发展。他认为,教育使农民具备了应对失衡的能力,这是农业经济增长的一个重要途径。随着农业经济外部和内部条件的变化,农业经济的发展是一个动态的过程,在这个过程中,农民必须能够及时地处理好农业经济发展中出现的问题,抓住机遇,及时掌握新技术,有效应对农业经济的各种变化,从而促进农业经济增长。通过教育农民具备了了解农业现代化的能力、运用现代科技成果的能力和经营管理能力可以带来经济效益,教育水平越高,农民适应条件变化的能力就越强,获得的效益也就越高。

一、农业现代化

农业现代化是随着现代化进程的推进,在20世纪50年代被提出的。现代化是指由农业社会向工业社会过渡的过程。农业现代化是指用现代工业装备农业,用现代科学技术改造农业,用现代管理方法管理农业,用现代科学文化知识提高农民素质的过程,它既是一个动态的、历史的过程概念,又是一个多维角度的可持续的系统概念。

未来农村是现代化农村,未来农业是现代化农业。农村教育特别是农村职业技术教育的任务之一,就是培养适应农业发展,能够促进现代农业转型,甚至进行农业技术创新的"新农民"。农村职业技术教育应以县为单位,因地制宜,多方位、多层次地发展农、林、牧、副、渔,只有这样,才能培养出合适的人才,真正为农民和农业服务,促进农村的全面发展,从而实施科技兴农,走"三农"结合之路。只有发展专业的农业技术,进一步提高农民的科学文化素质,才能发展农产品加工,实现"产、供、销"一条龙发展。农村职业技术教育培训的群体将成为新的"农民"或"农业工人",成为农村教育"追赶"战略的先锋军和实现农业现代化的主力军,从而促进"新农村"建设的发展。

二、农村教育

农村教育是一个国际术语。它在不同的国家有不同的内涵。在中国,农村教育是一个相对于城市教育的概念。它通常被定义为县级及以下的教育,一般定位于基础教育。从我国二元经济结构的角度出发,笔者认为当前我国农村教育的定义是以教育产业链为基础,功能多元化的城乡制度化教育。在教育层面,它不仅包括初等教育和中等教育,还包括农村青年的高等教育;除基础教育外,还包括农村职业教育和农村成人教育。在教育形式上,除了正规教育外,还应该有非正规教育,并且随着社会的进步,非正规教育在农村教育中的比例应该逐渐增加。在教育内容上，农村教育的重点在不同时期应有所不同，在一定时期内，可以重点开展启蒙教育、农业职业技术培训，以培养职业农民和现代公民。

三、农村职业教育

职业教育既包括农村职业教育，也包括城市职业教育。农村职业教育是农村教育的具体模式之一。传统农村职业教育是指除城市地区外，在农村地区传授知识、培养农民职业人才的教育形式。随着现代化进程的加快和社会生产力的提高，农村职业教育的内涵不断得到拓展。笔者认为从农业现代化的角度出发，职业教育应该是"三农"职业教育，既为农业发展服务，又为二、三产业服务，即实现社会劳动成果的共通共享，走包容性教育之路，以促进全社会的和谐建设，发展各级职业教育和成人教育。在农业现代化背景下，农村职业教育有其自身的复杂性和特殊性。

农村职业教育的目标应符合投资者的目标。投资主体包括政府和企业。从宏观上看，政府对农村职业教育的投入要求其在农业现代化发展中发挥经济、政治和文化功能。从微观层面来看，企业对农村职业教育的投入，希望通过学习和培训，创造更多有价值的农村劳动力。然而，无论从哪个投资主体出发，农村职业教育的最终目标都是促进农村经济的发展和农业现代化。因此，当前农村职业教育的目标应该是服务于农业现代化背景下的不同主体。

农业现代化要求利用现代科学技术改造传统农业，在现代化进程中，必须要求新农民掌握现代技术。将现代农业技术纳入农村职业教育课程，有利于现代农业技术的转化和推广，有利于农业现代化的实现。

四、农业现代化视角下农村职业教育的功能分析

现阶段农村职业教育的功能主要体现在认识功能、经济功能、政治功能、文化功能和普及功能五个方面。

（一）认识功能

传统农业向现代农业转变的一个重要方面是社会意识形态和人的观念向现代化的转变。人们意识的改变更有利于农民对新技术、新知识的接受和应用，也更有利于终身教育体系的发展，从而有利于提高整个农业社会的现代化水平。通过各种形式的教育认识农村职业教育的功能，可以强化人们对农村职

业教育的认识,使地方政府更加重视农村职业教育,使农村职业教育与发展农业、发展农村经济相结合。同时,农村职业教育的认知功能可以使农民更容易接受新思想、新知识、新技术,从而自动延伸或继续接受教育,提高自我学习意识。农村职业教育的认知功能将逐步改变人们对农村职业教育的传统认识,提高劳动者的积极性,使广大劳动者真正认识到学习的意义,有助于加快农业现代化进程。

(二)经济功能

经济发展是现代化的标志之一,农业现代化程度越高,社会经济发展水平越高,整个社会的生活水平也就越高。农村职业教育的经济功能是指通过教育的深化,促进农村经济的发展和新农村的建设。农村职业教育可以为新农民提供专业的科技知识培训,使新农民能够以专业的技术和先进的设备推动农业现代化。通过农村职业教育,对达到一定素质水平的农民进行现代管理知识培训,培养农民企业家,提高农民生活水平,促进农村生产发展,促进农民生活富裕。

(三)政治功能

农业现代化需要在社会发展过程中从制度层面、建立长效机制、健全社会政策管理体系等方面进行重大创新和突破。农村职业教育的政治功能主要体现在有效实施民主管理。农村职业教育可以增强农民的民主意识和参与意识,提高农民政治活动的参与度,使农民真正感受到自己是国家的主人。与此同时,随着农民民主意识的提高,要加强地方政府干部的民主意识,要通过各种形式的农村职业教育,培养农民热爱祖国、热爱家乡的主体意识,充分发挥农村职业教育的政治功能,培育职业农民,使农村社会协调发展。

(四)文化功能

农业现代化是一个历史过程的概念,是在发展传统农业的过程中,积极发展现代农业,提高农民素质和社会的物质文化水平。农村职业教育的文化功能表明,教育的发展应适应当地的精神文化生活。在课程设置上,要考虑到地方特色产业,特别是基础教育后的教育,要建立特色产业所需的人才培养体系。农村职业教育要与基础教育有机结合,培养有文化、懂技术、会经营、守法的职业农民。在资源配置方面,农村职业教育不仅可以改善农民生活基础设施,提高农民物质生活水平,而且可以保障农民的精神文化生活。此外,农村职业教育的文化功能还体现在对传统习俗和优良品德的传承上,从而形成尊老爱幼、服务社会的良好道德风尚。

（五）普及功能

从包容性增长的角度来看，农业现代化是实现社会公平的必经阶段。在二元经济结构的背景下，我国的农业现代化提出的共同发展包括城乡教育的同等普及。农村职业教育的普及功能主要表现在受教育的平等方面。随着城镇发展速度的加快和农村职业教育的普及，人们开始重视对农村妇女和老人的教育，积极开展适合当地农村结构的文化娱乐活动，促进老龄服务事业和产业的发展，保障农村各个方面协调发展。

第二节　农村职业教育与乡村振兴中农民的关系

农民是中国最大的社会群体。中国要实现共同富裕是社会主义最本质的特征和最终的目标，只有农民富起来，全体人民才能富起来。致富的核心是增加农民收入。因此，必须从两个方面着手，一是大力发展农业，增加农民的农业收入；二是发展第二、三产业，转移农村剩余劳动力，增加农民收入。农村职业教育关系到农业的发展，是农民增收的根本出路，农民非农收入的增加也更多地依赖于农村职业教育。随着产业结构的优化升级，第二、三产业的技术含量日益增加，其对劳动力素质的要求也日益提高。因此，文化素质和技能水平成为农村劳动力转移的产业准入门槛。理论研究和实践经验一再证明，农民科技水平越高，从事非农工作的能力就越强，进入非农产业的机会就越大，非农收入也就越多。因此，要顺利转移农村剩余劳动力，必须大力发展农村职业教育，提高农民的文化素养和生产技能。

一、农村职业教育

当前，农村社会正处于转型时期，农民教育不仅要关心和实施简单的农业技术普及教育，更重要的是农村精神文明建设和科学生活方式的建立。只有农村居民全面健康、卫生、文明、富裕，才能真正实现农村的全面发展。农村职业教育的主要内容有以下主面：一是法治教育，使更多的农民学会用法律来维护自己的合法权益，维护正义；二是公民道德教育，使农民认识到自己的责任和义务，使其积极参与公益事业，敬老爱幼；三是开展健康教育，让更多的农民讲卫生，改掉不良习惯；四是家政学教育，让更多的农民自立生活，注重文明、健康的生活方式，具备科学意识、医学知识；五是通过文化教育和职业教育，使更多农民成为工人、保安、护士、工程师、建筑师等。

二、农民继续教育

我国农民继续教育主要是针对农业专业技术人员、从业人员进行的，主要目标和内容是跨行业、跨地区、跨类型的正规或非正规教育和培训。从农民的角度来看，他们迫切需要学习和掌握与衣、食、住、行、医有关的生活条件和就业的基本知识。例如，如何养猪、养蟹、养蘑菇、养药草、进行食品加工、驾驶拖拉机、使用计算机、在城市工作，"短期"的职业教育可以使农民具备一到两项实用技能。几年后，农民想要调整产业结构和产品或提高生产效率，则需要接受新的教育和培训，使其知识和技能得到补充、更新和改进。职业教育发展的新趋势是与继续教育接轨，向终身教育延伸。

三、农民教育创新

农民教育创新，对农民来说，他们关心的是创新带来的益处。首先，农民教育创新应该考虑农民的需要。如果农民的教育创新符合他们的意愿，保护他们的权益，并为他们带来利益，则是成功的教育创新。对于农民来说，政府研究决定种植什么是更科学的服务；提供信息比提供一个信息平台让农民自己做决定更合适。其次，农村地区正在经历转型，要根据农民实际需要、社会发展规律和教育发展规律，有效传授知识技能，激发农民的积极性和创造性。这就需要农民教育的创新。教育创新应由学校根据农民的实际需要组织开放、灵活、自主、有序的教育培训，确保正规教育与非正规教育相结合，职前教育与职后教育相结合。农村教育应包括农村基础教育、职业教育、继续教育和社会化终身教育。农村教育创新应该探索农村教育发展的理论，践行科学发展观，为农村居民提供多种渠道、多种形式、多种层次和多次学习的机会，使更多的农村居民受益。

四、农民工与农村城镇化

农民工问题一直受到人们的关注，人们希望出台新的户籍制度和劳动人事制度，使农民工及其子女能够安居乐业。随着农村城镇化的推进，农村人口的转移，农民工的教育、农民工文化素质的提高、农民工就业问题成为热门话题。市场经济为农村职业教育的发展提供了无限广阔的天地。农民作为我国重要的人力资源,其素质直接影响到农业现代化的速度。

(一)培养职业农民,开展农村职业教育

农村职业教育作为教育的一种形式,它离不开教育的本质特征。教育的本质是促进人的发展,因此农村职业教育的目标应该是促进人的发展,培养职业农民。农民作为新农村建设的主体,在农业现代化进程中,培养职业农民,提高农民素质是传统农业向现代农业转型的关键。农民素质在一定程度上决定着农业现代化的步伐,是促进农村社会经济均衡发展的重要措施。农村职业教育的目标是职业教育的初始目标,培养一定的技能和一致性,通过对农民的职业技能培训和继续教育,培养有文化、懂技术、会经营的职业农民,为促进农村产业结构调整,加快农业现代化,增加农民收入提供了技术支持。

(二)提升传统农民的素质

传统农民是从事农业、服务农业的主体。在农业现代化的演进过程中,传统农民正向非农农民和现代农民转变。如何提升传统农民的素质,使其适应农业现代化是社会发展过程中最重要的问题,将提升传统农民的素质作为我国农村职业教育的目标是社会发展的必然结果。通过农村职业教育对传统农民进行培训,可以提升其职业素质,使其适应农业现代化发展的需要。

第三节 农村职业教育与乡村振兴中农村的关系

农村繁荣包括农村经济、文化和政治的协调发展以及农村物质文明、精神文明和政治文明水平的全面提高。农村职业教育对促进农村物质文明、精神文明和政治文明的发展具有重要作用。当前的农村职业教育是以实用技术培训和人文精神培训为核心的素质教育。农村职业教育通过科普教育和文化交流,可以提高农民的科技素质,优化农民的思维结构,提高农民的创新意识,从而促进农村精神文明水平的提高。

一、农村职业教育与加速农村富余劳动力转移

(一)农村富余劳动力规模庞大

在农村青少年中,每年完成普及九年义务制教育的有上千万人,其中能升

入普通高中和中职学校的只占20%左右,而其他人则直接进入了农村富余劳动力的队伍。这些初中毕业生大部分是农村15岁左右的青少年,他们年龄小,正处在长知识、长身体的时期,缺少社会经验和工作技能,如果直接进入劳动力市场,很可能会处于失业或半失业状态。所以对这一群体我们应给予高度关注,加大财政投入力度,努力吸引他们进入农村职业教育学校接受系统的专业技能培训。近年来,农村初中毕业生已经成为职教培训转移对象上的重要组成部分。

(二)农村劳动力向非农产业转移出现新特征

(1)区域流动的新变化。一方面,由于国家宏观经济环境的变化和产业结构的调整,东部沿海地区农村剩余劳动力的就业机会逐渐减少。随着中国"西部大开发""东企西进""外企西进"等工作的开展,西部地区正成为新的经济热点,劳务需求逐渐增加。另一方面,农村剩余劳动力向非农产业转移是农村职业教育的结果。对农民进行职业教育技能培训后,农村的流动面积比以前要大很多,部分劳动力甚至转移到国外市场。

(2)就业形势开始发生变化。目前,对劳动力的需求已明显由"体力"向"智力""熟练"转变。对农民进行教育,提高农民的文化素质、职业技能和思想意识,实现农民素质的现代化,既是当务之急,也是必须长期坚持的方针,可以为农民的长期就业打下良好基础,拓宽农民的就业渠道。积累就业后备部队。

(3)转移就业观念发生新变化。经过农村职业教育培训后,广大农民在就业观念上也发生了变化,从过去盲目、被动地接受转移就业,逐渐转变为主动满足市场需求。农民工在就业行业、培训专业等方面也有更多自己的想法(但仍存在一些外部约束)。一些农民在外出打工赚钱后,把赚来的钱带回家乡创业,如投身于农副产品加工、房地产等行业。这些观念的转变,不仅有利于农村劳动力的转移,而且对社会主义新农村建设具有强大的推动作用。

二、农村职业教育与增加农民收入

目前,外出务工已成为众多农民增收的常见方法。但同时应注意到一个现象,即经过农民职教培训和没有经过培训的农民,在增加收入的程度和增加收入的途径上有着越来越大的差异。一般而言,经过职教培训后再到外地务工的农民工的平均工资会有较大增长。因此,各级政府、部门、教育单位应把农村职业教育提升到一个特别的高度,切实抓好农民职教培训,保证农民增加收入。

此外,外出劳务人员带回的资金对农户家庭的生产经营有很大帮助,能够使更多的资金投入本地生产。某种程度上,这种农民工可以成为市场经济发展的加速器。返乡农民工的工作经历使其增长了才干和见识,开阔了眼界,获得了一技之长,他们返回家乡创业,带来了资金、技术、管理经验和市场信息,成为当地农村经济发展的新生力量。农村经济发展了,农民生活水平得到提高,收入水平也自然得到增加。

三、农村职业教育与农村经济发展

发展农村职业教育对新时期农村产业结构的进一步调整和农村经济的繁荣具有重要作用。农村和农业经济的发展也使农村职业教育的发展面临前所未有的机遇和挑战。

农业进入新阶段后面临的战略转型,为农村职业教育的发展提供了广阔的前景。20世纪90年代以来,中国农业发展进入了一个新的阶段。这一时期,中国农业面临着实现发展战略转型的历史使命,即实现传统农业向现代农业的转型,包括技术基础、产业结构、产业组织和农业发展观念的转变。农民是农业生产的主体,发展农村职业教育,加强农业培训,提高农民的科学文化素质,无疑成为实施这一战略的重中之重。

当前,进一步调整农村产业结构,繁荣农村经济的任务为农民职业教育的发展创造了新的机遇。改革开放以来,村民自治制度的建立和巩固,商业化管理的发展,乡镇企业的出现,使农村一二三产业发展势头良好。特别是农村产业取代了农业的主导地位,并与城市工业化相结合,形成了我国经济发展的龙头城市二元产业格局。农村职业教育在农村产业结构调整中将起到重要作用,农村职业教育将演变为综合性的人才教育模式,以满足新时期社会发展的需要。

第三章 乡村振兴战略下农村职业教育的发展与推进

第一节 农村职业教育发展的现实基础

一、农村职业教育发展的相关政策

改革开放 40 多年以来,政府颁布了一系列农村职业教育政策,对农村职业教育的发展起到了强大的规范引领作用。总体来看,这些政策主要聚焦于农村职业教育基础能力扶持(包括师资队伍建设、经费投入、基础设施建设)、农村实用技术人才培训、农村劳动力转移培训、职业农民培育。

(1)重视师资队伍规范化建设,从强调师资来源渠道多元化到强调"双师型"教师队伍建设并逐步重视农村职业学校师资培训。(2)倡导政府、行业企业、其他社会力量、贷款融资等多元化经费投入。(3)注重基础设施建设,包括农村职业教育培训网络的构建和实训基地建设。具体包括:

第一,农业广播电视学校。农业广播电视学校是将远程教育平台面向农村广大农民和基层干部、农技推广服务体系人员实施职业素质提升的重要载体机构,具有超时空性和便利性,是利用现代远程教育资源对农民进行科技教育培训的重要渠道和阵地。

第二,农村成人文化技术学校。农村成人文化技术学校是面向农民实施文化素质教育、实用技术培训、剩余劳动力转移培训的主阵地。组织开展形式多样的培训,可以在提高农民综合素养的同时使民风村风也得以改善。

第三章　乡村振兴战略下农村职业教育的发展与推进

第三，农业中等专业学校。农业中等专业学校简称农业中专，是服务于农村经济社会建设，面向农村青年开展现代农业科技教育和农业科技推广、为农村培养中等专门人才和管理人才的重要机构。

农业中专学校在面向"三农"主战场时，在因地制宜积极参与项目计划实施的基础上，产生了巨大的效益。例如，石家庄农业学校建校以来共培养优秀毕业生10万余名，为社会培养了大批农业技术骨干和行政管理人才。

第四，涉农院校及农业科研院所。涉农院校和农业科研院所是发展农村职业教育的重要阵地。涉农院校主要是面向农村，为农村区域经济发展培养农业发展带头人和农业技术管理人才。农业科研院所是开展农业科学研究、农业应用研究、农业基础研究和高新技术研究的机构，主要负责开展农业技术综合开发和推广服务、农业科技成果的示范和农业科技工程项目的开发与实施。

第五，农业技术推广站。农业技术推广站简称农技站，是直接面向农民开展农作物栽培与管理、农作物良种引进与试验、农业科学种植管理技术推广服务的基层单位。各地通过积极开展农业新技术、新产品的试验示范和培训，实现了技术进村入户，满足了基层农技人员、科技示范户和农民现场接受指导的学习诉求。例如，山西省农技推广总站重点建设了105个集技术示范、产品推广和职业农民培育为一体的基地，年接待20多万人参观学习，在农业现代化中发挥了重要的引领展示作用。

第六，农民专业合作社。农民专业合作社是在农户承包经营土地的基础上，主要面向合作社成员提供农产品贮藏、加工、销售以及农业生产经营管理技术等服务而自愿联合的经济互助性组织。农民专业合作社作为农村的新型经营组织，能够把现代农业产业发展和农民个体需求紧密结合，通过对社员及农民开展教育培训活动，提高了农民的科学文化素养和组织化程度，促进了农业产业结构的调整和农业现代化、信息化的发展。

二、农村职业教育发展的项目工程

为大力提高农民科技文化素质，促进农民增收、农业增收，提高农产品国际竞争力，近年来在党和政府政策的引领下，国家实施了一系列旨在推进农村劳动力资源开发与人才培育的项目工程。

随着农村社会主义市场经济体制和农村经济的发展，为了解决农民与科学技术之间的"断层"问题，国务院于1994年启动了"绿色证书工程"。"绿色证书"是农村劳动者具备了从事某项农业技术岗位要求具备的基本知识和基本技能,经当地政府考核合格后颁发的职业资格证书。"绿色证书工程"的实施,首先,大大增强了农民科技兴农和科学致富的意识,引导农民学习科学技术,提高了农民科技文化素质;其次,推动了科学技术的转化,促进了农业现代化的发展;最后,扶持了一批科技示范户、专业户,培养造就了一批服务农业生产的农民技术骨干队伍,培养了农民的科技致富带头人以及活跃在基层的能起示范带头作用的基层管理干部队伍。

三、农村职业教育发展的办学模式

在国家政策的推动下,我国农村职业教育在快速发展过程中逐渐形成了一些办学模式,比如,校企合作办学模式、集团化办学模式、城乡联合办学模式。

(一)校企合作办学模式

校企合作办学模式是指高职院校与企业签订合同,共同培养人才的合作办学模式。企业负责为高职院校提供部分专业课程教师和实践指导教师,提供实习实训基地。高职院校为企业培养有针对性的人才。这种模式的优点:一是提高了人才培养的针对性,高职院校通过企业对技能型人才需求的反馈,可以及时调整专业、课程和内容的选择,更有利于培养社会需要的人才;二是资源优势互补,高职院校利用企业提供的设备和实训基地,满足企业对技能型人才的稳定需求,使高职院校和企业的设备和技术相辅相成,节约了高职院校和企业的成本;三是提高学生的综合能力,校企合作为高职学生提供了实习平台,提高了学生的实践能力,增强了学生的就业竞争能力。

(二)集团化办学模式

集团化办学模式以服务地方经济社会发展为目标,可以提高职业教育办学的规模效应,通过组建职业教育集团进行规模化办学。集团化办学模式有三种典型的发展模式。一是校企合作群体教育,即高职院校与企业(包括行业协会、科研院所)合作,实现互利共赢。二是校政合作型群体教育,即合作伙伴主要以政府相关部门为主体,在政府的统筹规划下,充分发挥学校设备、教学、人才等优势,为区域经济社会发展服务。三是校校合作型群体教育,即职业教育群体中的合作方主要是高职院校,通过优势互补和资源共享来发挥协同效应。实践证明,集团化办学模式在现代职业教育体系建设中发挥了重要作用,实现了高职院校设备和实践基地的共享与互补,降低了办学成本,提高了办学效益。例如，德州生物科技职业教育集团对农民工的培训，不仅提高了农民工的就业创业率，还为新农村建设培养了领军人物。目前，该农村剩余劳动力转移职业教育组培训规模已达到每年400人次。

（三）城乡联合办学模式

城乡联合办学模式，即城乡职业学校联合办学，构建城乡职业教育资源一体化教育服务平台，实现优质资源共享。为促进城乡职业教育一体化发展，推进河南省城乡联合办学模式，由县职业教育中心联合农村职业学校招生、合作办学，利用县职业教育中心优质的职业教育资源、丰富的信息资源和就业市场优势，可以推动城乡招聘、培训和就业一体化。例如，河北省在积极开展试点的基础上，开展了中等职业教育教学下乡工作，即将城市农业职业院校的专业素质教育资源送到乡村，使"教"与"学"有效对接，使农民接受农村职业教育。

第二节 乡村振兴战略下职业教育发展机会

一、乡村振兴促进农村职业教育发展

要想实现乡村振兴，我们应对作为供给侧的农村职业教育进行变革，为推进乡村振兴的顺利实施，提供相应的人才支持。这既是对农村职业教育的挑战，也是农村职业教育发展新的机遇。

（一）城乡融合发展，促进县域职业教育发展

规划和政策的变革从"城乡统筹"到"城乡一体化"再到"城乡融合"发展的转变，不仅对我国农村经济社会发展产生了革命性的影响，而且对提供人才支持的职业教育也必将产生深刻的联动影响，这要求农村职业教育供给侧进行全面的改革。

融合发展意味着原有的城乡二元发展体制将逐步溶解，新的基于融合发展理念与要求的体制、机制以及相关的支持政策必须形成或者被制定。具体落实到职业教育领域，一是必须以融合理念和思维，对城乡职业教育发展进行整体规划，城乡教育要素必须得以充分流动。二是必须将城乡作为一个区域系统，进行顶层设计，整体布局，必须统筹考虑城乡职业院校的布局及功能定位，不

能以狭隘的城域或乡域思维培养人才；专业设置必须基于城乡一二三产业融合发展的需要进行整体考虑，既要考虑为三次产业发展构筑合理的人才结构，又要考虑涉农专业集群的建设与发展。三是必须基于城乡融合发展的特点和要求，构建县域职业教育体系，其目的是提升县域职业教育的服务效能，实现教育资源的集约化使用。这个职业教育体系应该具有县、乡（镇）、村三个层次，不同层级的职业教育既要具有整体性服务功能，又要有不同的侧重点。这一体系应该包括发达的城乡职业培训体系，能满足终身教育的需要，具有教育资源共享性，发展水平现代性，能体现"互联网+"教育的优越性等。

（二）"三农"优先发展，促进涉农专业的现代化建设

党的十九大指出，实施乡村振兴战略必须始终把解决好"三农"问题作为全党工作重中之重，坚持农业农村优先发展。众所周知，我国现代化进程的关键因素是"三农"，因此，必须集中力量加快促进"三农"发展。推进"三农"发展有多种路径和措施，如通过采取积极的政策，促进资源要素在城乡间流动；吸引农民工和大学生返乡创业；大力发展乡村旅游、创意农业，实现"科技+""教育+""健康+"等新业态，促进农村一二三产业融合；等等。然而，无论是各种要素的流动，或者是农村新业态的发展等，都离不开人才的有力支撑，尤其是各层次的涉农专业人才。所以，就职业教育而言，基于未来乡村振兴的需要和视角，必须主动进行职业教育供给侧人才培养结构的改革。这一改革的核心是，一方面中高等职业院校要注重涉农专业的设置，建立起多层次的涉农专业体系，另一方面要基于农村一二三产业融合和新业态发展的需要，进行专业的现代化改造和涉农专业集群的建设，从而满足现代农业和农村发展对职业农民培育的需要。

（三）乡村人才培育，促进多层级职业教育体系的发展

首先，发展现代农业是乡村振兴的主要内容，而现代农业发展的一个基本特征是农业的规模化经营。"三权分置"等土地制度的改革，既为规模农业的发展创造了条件，又催生了新的农业经营主体，促进了家庭农场主、农业能人等职业农民的诞生。现代农业发展的另一个显著特征是，现代经营主体以其掌握的现代科技和社会资本改造传统农业，一旦技术和资本聚集形成规模优势，与土地、劳动力等现代生产要素有机融合，将最大限度地提升农业的规模效应和科技附加值。然而，如何才能改造传统农业、促进现代农业发展是一个值得深思的问题。著名经济学家西奥多·舒尔茨认为："改造传统农业的根本出路在

于引进新的生产要素，不仅要引进农作物良种、农业机械这些物的要素，而且要引进具有现代科学知识、管理能力和适应市场新要素的农民。"所以，无论是规模农业的发展，还是传统农业的改造，其重要前提就是培育职业农民。

其次，国家之所以将农村与农业作为优先发展的对象，一个很重要的因素就是要为乡村聚人气、添活力。所以，优先发展农村与农业，一方面要求将一部分农民培育成职业农民，鼓励部分农民工返乡创业和大学生到农村就业；另一方面要求培养一支热爱乡村的带头人、领路人和管理者。也就是说，要培育一批乡村人才，如培养乡村干部，为实现乡村"治理有效"打下组织基础；培养乡村信息人才队伍，使其能够基于"互联网+"了解新政策、掌握新技术、捕获新商机，促进农村新业态的发展；培养乡村科技人才队伍，促进农村一二三产业融合发展；培育乡村管理干部；培育乡土文化人才，促进乡村文化的传承和发展，创建文明乡风。

无论是职业农民培育、乡村管理干部培养，或是其他各种技术管理人才的培养都对农村职业教育和培训的发展提出了要求，即各类职业院校尤其是涉农中高等职业院校，要能够基于不同类型乡村人才培育的需要，开展多层次的职业教育和培训，开设涉农专业，提供系列化的涉农培训课程，以促进县域职业教育的发展和培训体系的完善。

（四）乡村秩序重建，促进农村社区教育发展

"治理有效"是乡村振兴的重要目标之一。毫无疑问，法治是乡村振兴的重要依赖路径，法治也能够有效规范和调节农村社区日益复杂的各类关系，但法治是有成本的，如果能够提升乡村干部队伍的素质，提高乡村自治能力，促进乡村文明的发展，使乡村社区的民众都能够自觉遵守共同的行为准则，从而大幅度降低农村社会的治理成本。因此，在未来乡村社会治理中，应根据农村社会的新变化以及实现乡村治理能力现代化的新要求，建立健全自治、法治、德治相结合的乡村治理机制，而这需要通过适当的教育来教化乡民，使农村社区的所有民众都能够在"法治"的范围内，具有"自治"的能力和"德治"的素养。

"生活富裕"是乡村振兴的另一个目标。生活富裕不只是农民物质生活的提高，更多的是农村社会民众对高品质生活的追求、对高质量精神生活的期望。随着农村经济的发展，必须将提升农民生活品质作为乡村振兴的重要内容，要建立相应的教育场所和提供更多的受教育机会，让他们学有所教，老有所乐。

由此可以看出，在未来乡村振兴战略推进中，必将更加重视农村职业教育的发展，可以预料，在未来，职业教育将是我国新时期教育发展的新的战略重点，将承担起实现"乡村文明、治理有效、生活富裕"的职责和使命。

二、农村职业教育能够助力乡村振兴

（一）农村职业教育是释放乡村经济活力、推动产业兴旺的重要引擎

产业兴旺是乡村振兴的根本。实施乡村振兴战略急需优化农业产业结构，深度挖掘农业多种功能，延长产业链，完善利益链，培育和发展农村电商、共享农庄、休闲农业、民宿经济、农耕文化体验、健康养老等新产业新业态，这对新型农业劳动力的数量、规格、质量、结构也提出了新要求。职业教育连接着产业需求端和劳动力供给端，三者之间交互影响、动态传导。农业劳动力能否支撑农村产业结构优化升级、适应新产业新业态，依赖于教育尤其是农村职业教育的供给规模与供给质量。与此同时，教育发展的水平和结构决定着劳动力供给的数量和质量，继而影响劳动力的综合素养。职业教育肩负着人才培养、科学研究、社会服务、文化传承创新、国际交流与合作等重要使命，其价值取向、目标定位和功能定向直指"三农"问题，其办学理念、专业设置、人才培养紧密对接农村经济社会转型、农业产业升级优化、农民综合素质等，可为新时代乡村振兴培育大批知农、懂农、爱农的职业农民和新型农业经营主体，能够帮助优化农村一二三产业的人力资源配置，促进农村三大产业动态的高质量融合发展，是释放乡村经济活力、推动产业兴旺的重要条件。

（二）农村职业教育是培育生态文明、助力乡村生态宜居的重要途径

生态宜居是乡村振兴的基础。农村职业教育在建设生态宜居的乡村环境方面扮演着重要角色。一方面，农村职业教育可以为改善乡村生态环境提供相关技术支撑，如培养绿色农技推广人才、传授畜禽粪污处理技术、推广手工制造科学种植技能、提供绿色乡村建设规划和村庄规划服务等；另一方面，农村职业教育能够帮助营造乡土文化、绿色生产生活氛围，提高人民的绿色意识。通过职业教育可以帮助人们树立和践行"绿水青山就是金山银山"的生产生活理念，增强乡村人民农耕文化、乡愁等精神文化意识，使其养成垃圾分类、清洁取暖的生活习惯，塑造建设文明厕所、节水节能乡村建筑等绿色生活行为，助力实现人与自然和谐发展、清爽安定的乡村生产生活环境。

(三)农村职业教育是满足农民精神需求、实现乡风文明的内在要求

乡风文明是乡村振兴的关键。乡风文明既能促进城市生产要素向乡村配置,推动乡村产业兴旺,又能为美丽乡村建设提供优良的人文环境,实现生态宜居,还是乡村治理有效的重要条件和成效体现,是生活富裕的重要内涵。实施乡村振兴战略要物质文明和精神文明一起抓,特别要注重提升农民的精神风貌。从农村经济社会发展供给侧看,在推动乡村全面振兴过程中,既要重视物质精神的输血式供给,又要重视精神能力的"造血式"供给。农村职业教育具有培育"职业人"和"一般人"的价值功能,能够有效深入乡村建设的末端环节,满足农民的精神需求,提升农民的生产生活技能、法律知识和个人修养,培育文明意识和能力,营造环境文明、行为文明、精神文明和制度文明一体化的乡村社会文化体系,促进乡风、家风、民风文明,为乡村振兴提供思想保证和精神动力。

(四)农村职业教育是提升乡村治理能力、实现乡村治理有效的动力源泉

治理有效是乡村振兴的保障。乡村是国家治理的基本单元,乡村治理是推进国家治理体系和治理能力现代化的基础性工程。加强农村基层基础工作,健全自治、法治、德治相结合的乡村治理体系是实现乡村振兴的重要基石,是最终实现乡村善治的根本路径。农村职业教育的多重价值属性有效契合了基层社会的治理需要。作为教育的一种类型,农村职业教育拥有所有教育共享的使命,即"使人成为人",这是农村职业教育的目的性或主体性。农村职业教育塑造着受教育者的个人素养、公民意识、公共责任,具有营造文化生态的功能,有助于推动乡村劳动力社会化,这将有利于实现乡村德治,激发德治的融合、引导、教化等功能。与其他教育相比,农村职业教育同样拥有其独特的特性,即"使人成为职业人",这是农村职业教育的规范性或工具性。农村职业教育主要培育受教育者的两种能力:一种是职业在当下要求的技术与能力,另一种是适应该职业变化发展的能力。这两种职业能力的塑造将有助于激发乡村人口自我管理、自我教育、自我监督、自我服务等潜能与活力,有利于实现乡村自治。社会治理重心下移和民主管理层次提升是乡村治理有效的重要体现,农村职业教育具有典型的增智赋能功能,能够较好地提高乡村人民依法参与基层社会公共事务的能力,有助于破解当前乡村公共治理"集体行为困境",继而实现更高质量的乡村法治。

(五)农村职业教育是实现农民增收、生活富裕的关键变量

农民既是乡村振兴的主体,也是乡村振兴的受益者。改善民生,不断满足人民日益增长的美好生活需要,实现生活富裕,是乡村振兴的最终目标。生活富裕,必须促进农民的全面发展,为此要优先发展农村教育,尤其是农村职业教育。人力资本理论认为,教育具有生产效益和配置效益,可以帮助受教育者更好地就业(创业)和生活。作为一种具体的教育,农村职业教育的生产效益主要体现在:农村受教育者通过接受更多的农村职业教育可以提升其生产能力(边际生产效率),帮助其在乡村劳动力市场获得较高工资性收入或提升生产经营及绿色发展能力,继而提高家庭收入,实现生活富裕。农村职业教育的配置效益有很多,例如,农村受教育者通过接受更多的农村职业教育可以提升其识别机会、利用机会、改变既定资源配置效率,使产出最大化,如职业流动、自主创业。通常而言,在外部环境越不均衡的状态下,拥有较高人力资本水平的劳动者的配置能力越容易被激发。随着我国农村经济社会改革向纵深推进,全面深化改革衍生出的机会红利将不断涌现,生产要素在城乡之间、乡村内部之间配置的非均衡性也将持续增大,这将有利于受过更多农村职业教育的乡村劳动力发挥配置能力,通过生产要素重配、捕捉、利好机会获益,实现增收。

三、农村职业教育紧抓机会实现发展的具体路径

在乡村振兴战略背景下,农村职业教育必须立足农村经济发展、文化传承和社会治理的需要,主动担责、拓展功能,搭建服务平台,提升服务能力和水平,为农村人力资源开发提供高素质的多类型、多层次的人才支持。

(一)重新审视农村职业教育功能定位,着力开展乡村精英培育

农村职业教育功能具有多重性,这里重点围绕未来乡村振兴战略实现过程中农村职业教育的应然功能进行讨论。应然功能确定的依据是乡村振兴背景下农村所呈现出来的特征以及乡村振兴战略实现对乡村人才培养的需求特点。

乡村振兴战略实现的关键是人、钱、地,然而,无论是现代农业的发展,还是乡村社会的有效治理,最为关键的还是人才,都需要培育职业农民。所以,农村职业教育必须将职业农民培育作为其首要任务。职业农民的来源具有多样性。

首先,在未来相当长的时期内,应将农村职业教育的服务对象瞄准留守农民。留守农民作为乡村重要的人力资源,其中确有一部分立志务农,并且具有

良好的教育基础，特别是还有相当一部分有较高文化程度的青年妇女。留守农民是现阶段培育职业农民最现实的选择，所以，农村职业教育和培训，要通过提供适当的教育机会，使留守农民成为名副其实的乡村人才或职业农民。

其次，着眼长远，要将潜在的职业农民培育成乡村人才。在乡村振兴战略实施过程中，各地政府都在出台一些积极的、大力度的人才政策，鼓励更多的人才到农村这个广阔的天地里创业。例如，根据乡村已经走出去的青年才俊功成名就后想回乡发展的心理，实施"青年振兴计划"或"乡贤回流计划"；基于国家鼓励农民工返乡创业的积极政策以及农民工返乡心理特点，实施返乡农民工创业计划；基于乡村发展吸引力的提高以及国家的鼓励政策，实施能够吸引更多的城市人口的"上山下乡计划"和"大学生返乡创业计划"。农村比较利益的提高、政府政策吸引力的提升，确实对上述人才产生了越来越大的吸引力，但这些都只是培育乡村人才或者职业农民的基础或者必要条件，而要真正将这部分素质相对较高的人培育成职业农民，使其成为现实的乡村人才，还需要通过适当的路径对其进行人力资源再开发，使其具有在乡村振兴中必备的人力资本。农村职业教育应主要承担其职责，必须基于这些不同来源的培育对象，进行不同类型、不同层次的职业教育和培训。

最后，要提升新乡贤的乡村治理能力。"治理有效"是乡村振兴的重要目标，因此应该培养乡村发展的核心领导人才，即传统意义上的乡贤和乡绅。新乡贤是那些具有较早、较好社会知觉，在农村或者走出农村后创业成功，愿意在未来乡村社会建设与振兴中贡献自己力量，积极投身乡村治理和乡村事业的人。这部分新乡贤未来最有可能，也最有能力成为乡村社会治理的骨干。职业教育的职责就是根据他们的素质基础、需求特点，开展高层次的职业教育培训。对于此类培训，高等职业院校，尤其是涉农高校和涉农专业大有作为。通过培训，增进新乡贤的乡村振兴知识、理念，使他们能够精准掌握地方产业结构特点、特色以及相应的管理知识，增强他们的领导和管理才能，使之成为优秀的乡村管理者、地方特色产业的开拓者、创业的领头人。

（二）注重专业的升级改造和结构优化，着力涉农专业集群建设

乡村振兴战略是我国新农村建设的升级版，将从整体上推进农村产业结构的升级与转换，因而，对"三农"人才不仅要求有数量的增加，提高农村劳动者的素质，更要求农村劳动者质量的全面提升，为适应乡村新业态发展需求，还要求人才结构与乡村产业结构特点相适应。乡村振兴战略背景下的职业教育专业建设，必须注意以下问题：一是要加大对传统专业的改造，使其"涉农"，

从而满足新农村建设对"三农"中初级技术人才和管理人才的需要,改变务农人才匮乏的现状;二是要升级现有的涉农专业,赋予其现代农业特性,培养中高级职业农民;三是加强涉农管理专业的设置与建设,培养乡村建设与管理人才;四是围绕服务现代农业产业结构体系,优化农村职业教育专业体系,打造精准服务现代农业和农村发展的涉农专业集群,注重复合型涉农专业建设,开设反映现代农业产业类型的专业,以适应农村一二三产业融合发展的趋势,支撑新产业新业态发展。

(三)强化城乡职业教育共同体建设,着力城乡教育要素互动

乡村振兴战略的实现,有赖于职业教育培养职业农民以及其他各类乡村精英。因此,强化城乡职业教育共同体建设,促进城乡教育要素有序、充分流动,不失为有效之策。要想加强城乡职业教育共同体建设,我们需要考虑以下几个方面。

首先,城乡职业教育共同体建设的目的和作用包括以下内容:一是同时激发城市职业教育和农村职业教育两个主体的积极性,实现以城带乡、以乡促城、城乡互动,形成城乡职业教育发展的命运共同体。这其中农村职业教育更要以主体的角色和发展意识,展现自身优势,主动开展与城市职业学校的合作与交流;二是促进城乡一体的县域职业教育体系建设,一方面合理布局城乡职业学校、成人教育中心(社区教育中心),另一方面使城乡职业教育资源得到充分利用,避免不必要的重复建设;三是在城乡职业教育共同体内,协作开展专业建设、课程和教材建设以及教学方法改革探讨等,促进人才培养质量的提高。

其次,城乡职业教育共同体建设的关键在于必须对城乡职业教育在乡村振兴中各自的角色和独特作用有正确认知。进入21世纪以来,中央一号文件几乎都将解决"三农"问题放在首位,而且,无论是强调"四化同步"发展,或是要求农业农村"优先发展"等,都凸显了乡村对于中国现代化发展的战略意义,这就使得乡村从受体向相对主体的转型成为可能。在未来城乡职业教育共同体建设中,我们要基于乡村的特征,建立城乡职业教育发展共同体,要让"三农"更好地发挥其主场优势。

最后,城乡职业教育共同体建设的着力点在于必须基于共同体的理念,促进城乡教育要素合理、有序流动和共享。在乡村振兴战略推进中,无论是经济社会的发展,或是职业教育的发展,都必须以乡村为本位,以乡村的本源价值为依托,以农民、农业、农村作为主体性实体,通过城乡之间多元要素的有序

互通，实现乡村内部结构重组和外在价值输出，以此在城乡差异化的框架中寻求新的立足点和话语权。当前，应该基于城乡职业教育共同体这个平台，鼓励和促进城市优质职业教育资源向乡村职业学校和成人教育中心流动，尤其是专业师资和教学设施的流动、共享。未来，在教育资源的配备上应该体现公平配置、融合建设、共享互通的理念，使农村职业教育事业能够优质发展，满足乡村人力资源开发和终身教育体系构建的需要。

（四）构建城乡融合的职业教育支持体系，着力农村社区教育发展

乡村振兴的关键是人的发展，这就是说要将乡村潜在的存量人力资源的数量优势，转化为促进乡村振兴战略实现的人力资本优势，为此，必须开展以农村人力资源开发为核心的农村职业教育发展促进计划。在我国乡村建设史上，梁漱溟、晏阳初、陶行知等人先后通过建学堂等教育路径，开展旨在启迪民智、培育民德、改善民生的乡村建设运动，取得了一定成效。

职业教育是农民获得人力资本最为有效的途径之一，特别是在当今，建立现代职业教育支持体系，是培育职业农民和各类乡村精英的基础工程，也是促进农民人力资本形成和积累的必由之路。因此，未来所构建的现代农村职业教育体系应具有以下特点：

一是必须根植于乡村土壤，反映农业、农村和农民发展的现实状态及需求特点，具有县域特色，这样的体系才能真正对乡村的振兴给予有力的支撑。二是所构建的体系必须具有多层级性和全覆盖性。现代农村职业教育体系必须构成县（市）、乡镇和村三级农村职业（社区）教育网络体系，能够全面满足实施职业教育、成人教育、社区教育的需要。三是必须坚持培养体系与培训体系并举。通过完善乡村人才培养与培训体系建设，培养一批生于斯长于斯，谙熟和懂得农业基本特性和乡村价值体系，对农业、农村、农民具有感情，并且具有传承"三农"工作价值理念的优秀人才。这些人才既包括现实的留守农民，又包括那些返乡创业农民工、大学生（大学生村干部）以及未来的农民后继者。四是为了能够全面满足乡村社区民众对职业教育和培训服务的需求，新的职业教育和培训体系必须具有为农服务的便捷性和服务功能多样性的特点。为此，必须将现代职业教育培训体系建设的着力点放在社区教育的发展上。社区教育功能的综合性和接地性特点，也使得它更能反映民众的需求，因而更受民众欢迎。不仅如此，通过社区教育更能对社区民众进行乡村文明和生态文明教育，可以提升他们的觉悟和生活品质，充实他们的精神生活，促进乡村在法治、自治和德治中实现"治理有效"的目标。所以，重视农村社区教育发展，将其作为现代农村职业教育体系构建的重点是必然的和有效的选择。

（五）建立优质教育资源流向农村的引导机制，着力制度和政策供给的创新

劳动者素质是影响乡村发展的重要变量，农村要植入政策干预的"变量"，从而解决乡村经济社会发展不充分、不平衡的问题。其中"干预变量"是指农村职业教育的制度配置与政策创新。也就是说，职业教育要能够为实施乡村振兴战略服务，就必须建立健全促进城乡职业教育融合发展的制度和政策体系。通过制度和政策体系的创新，改善农村优质教育资源稀缺和更多流向城镇的现象；通过政府宏观调控、市场调节及社会动力作用等外在因素的推动，促进城市教育资源，尤其是以教师为核心的优质教育资源等回流乡村，活化乡村的运行机制和资源配置；建立乡村与城市有序互动、对等互补的格局。具体来说，可以从国家或者各级政府层面，制订实施引导城市优秀教师回流农村的计划，根据农村职业教育发展需要，有选择、有针对性地优先引导城市大中小学校教师回流农村。例如，可设立"青年教师乡村锻炼计划""教师职称职务晋升乡村服务制度""城乡教师流动服务制度"等。

第三节　农村职业教育发展价值、方向与推进策略

一、农村职业教育发展价值

乡村振兴战略的实施是时代赋予农村职业教育发展的挑战和机遇。乡村振兴背景下，发展农村职业教育不仅关乎"为农服务"，而且具有其他多种价值。

（一）培育乡村人才，厚植乡村人力资本

乡村振兴的关键是人才振兴，而农村职业教育是培育乡村人才的主渠道。乡村振兴背景下，乡村对有文化、懂技术、会经营的职业农民的需求更加迫切，而从传统农民向职业农民转变正是农村职业教育在新时代的价值选择。农村职业教育开展学历培训和非学历培训，致力于为农村劳动力提供再教育机会，提高农村劳动力的文化素养和专业技能。比如，农村职业教育通过不定期开展农业技能、经营生产、营销管理等专业培训，增长农民的农业技能知识，

丰富农民的经营经验，提高农民的管理营销能力。农村职业教育的另一载体是农村职业院校，农村职业院校通过传授文化理论知识提高学生的文化素养，通过信息化教学和现代化实训，拓宽学生的现代化农业生产经营思维，培养致力于促进农村经济文化发展的职业农民。同时，农村职业教育还通过正规学习实践来提高学生的学历层次，提升乡村人力资本的能力。

（二）促进乡村产业发展，加快农业农村现代化

改造传统农业、加快农业农村现代化建设是国家的一项重要任务，而农村职业教育对于加快推进农业农村现代化具有重要的价值。首先，农村职业教育是农业农村科学技术研发与技术推广的主渠道。农村职业教育可以通过科技知识培训，为农村发展培育高素质的技术人才和管理经营人才，并且可以将技术研发与技能培训相结合，形成产学研用的一体化发展形态，实现科教兴农。其次，农村职业教育推进产业深度融合。农村职业教育可以促进农村产业结构调整，使农业生产更加规模化、集约化，形成规模效应。推进农业供给侧改革，构建现代化农业、生产、经营一体化体系，推动农业与农产品加工、销售、文化旅游等二、三产业深度融合，实现乡村产业振兴，加快农业农村现代化进程。

（三）促进乡风文明，维护社会稳定

乡风文明是农村社会发展的内在精神动力，是乡村振兴的文化支撑，而教育具有传承及保存文化的功能，农村职业教育则能够促进乡风文明，维护社会稳定。农村职业教育必须发挥人才培养和基地供给优势，通过共建校村文化基地，组织榜样示范宣传、文化下乡等活动，将中华优秀传统文化精髓通过教育实践活动传递给乡村劳动者，从而提高全民文化素质，养成全民道德行为自觉，促进乡村文化繁荣与社会和谐稳定。例如，通过组织开展评选感动人物、最美家庭等社区活动，将友爱、礼让、孝敬、勤劳等优良美德融入文明乡风建设中，提高乡村人民的法律意识和道德品质，形成良好家风、民风。

二、农村职业教育发展方向

（一）强化人才培养模式

农村职业教育要建立多层次的农村职业学校人才培养模式，服务乡村振兴。随着我国城乡互动的增多，农村劳动力有了多样化的职业选择。农村职业

教育的主要目的是培养农民职业化。农民职业化是农民人力资本、社会资本的高效利用和职业精神的提升过程。农民职业化水平的高低是决定乡村振兴和农业农村现代化发展的重要因素，因此，应采取多种措施促进农民职业化。第一，加快对农村应用型和技术型人才培养。农村职业学校要敢于创新，开拓进取，结合自身实际情况，构建多层次、立体化人才创新职业教育培养模式，形成职业教育、职业培训、社区服务三位一体的模式，提升农村职业教育的品质。第二，探索职业农民培养方式。农村职业学校要紧跟时代发展需要和乡村振兴的现实需求，积极构建职业农民培养体系和培训体系，着力培育一批技能型和创新型社会主义职业农民。第三，大力推行校企合作、产教融合、工学交替、半工半读，构建课堂与实训一体化等教学模式。第四，农村职业学校可以根据美丽乡村建设乡村振兴计划的办学定位，面向乡村学子，开展技术技能人才定向培养计划，从根本上解决毕业生留不下、留下难的现实问题。另外，可以依托省内高等职业院校和涉农本科高校开展技术技能人才定向培养，这是解决当前农村地区专业失衡、专业紧缺和专业单一的重要举措，也是培养适合农村发展的专业技术人员的重要抓手。通过在农村职业学校建立"定向培养"的长效机制，农村职业教育可以培养一批具有专业知识和技能、长期稳定地扎根基层的专业技术人员。

（二）完善专业设置

农村职业教育的发展要提高农村职业学校人才培养的精准度，服务乡村建设。第一，在专业设置上，坚持实际、实用、实效原则。要与当地资源优势、职业岗位需求和人才培养相对接，结合当地支柱产业、骨干企业的现实与潜在需求，灵活设置专业和方向，形成层次化、立体化的培养目标。第二，在专业设置上，建立动态调整机制。立足当地地方产业，对接区域经济和满足社会发展需求，进一步促进专业与产业的同步规划、深度融合与转型升级，形成跨专业深度融合的专业集群建设。第三，进一步优化农村职业学校专业结构，扩大农村职业教育本科层次涉农专业的开设，给予一定的政策扶持。因此，农村职业学校可以根据自身办学条件，重点发展和建设旅游与酒店管理、汽车驾驶与维修、学前教育、畜牧兽医、服装设计、数控加工技术、电子电工技术等专业，形成适应农村发展的特殊专业和特殊品牌，这样可以达到更好的办学效益，加快农村农业领域的发展，培养大批高素质、高技能的劳动人才和管理人才。

（三）加强校企合作

农村职业教育应与企业建立"互惠双赢"驱动机制，促进双方合作效益最大化。校企合作作为农村职业教育办学的基本模式，在服务乡村振兴方面肩负核心使命。校企合作的核心在于能够达到"互惠双赢"，促进双方合作效益最大化。农村职业学校与当地企业在开展合作的时候，必须建立合理科学的驱动机制，在办学过程中既要充分尊重企业的利益需求，又要通过制度保障职业学校、学生、企业三者在校企合作中的切身利益，促进三方效益的最大化，为农村当地培养社会产业服务需要的各级各类专业人才，提高社会服务的效能，建立校企合作的长效机制。一方面，农村职业学校可以加强培训，助推农村地区支柱企业、支柱产业、特色产业转型升级，提高企业的生产效率和产品质量。另一方面，当地的先进企业帮扶农村职业学校深化校企合作，倒逼农村职业学校调整专业设置和办学模式，使农村职业学校培养的人才更加符合当地企业发展需求。

（四）对接乡村经济

农村职业教育的发展应促使农村职业学校成为当地产业升级的孵化器，服务产业发展。第一，农村职业教育的发展重点在于服务地方经济发展，充分挖掘当地的特色乡土资源，开发农村现代课程，打造富有地方特色的职业学校品牌，形成以特色产业为基础、以特色文化为重点、以特色专业为内核的多元化的特色办学之路。第二，农村职业教育要以市场需求为中心，找准农村职业学校科研优势与地区产业的结合点，撬动地区新的经济增长点，调整好农村职业学校的市场角色，根据经济结构与产业需要来配置教育资源，合理调整专业布局和优化专业结构。第三，农村职业学校必须以质量求生存，加强特色专业建设，围绕地方主导产业、优势产业和特色产业办学，着力打造地方骨干专业和特色专业。第四，乡村振兴战略背景下，农村职业学校应将服务"三农"作为办学价值取向，走"扩容、提质、强服务"之路，构建城乡融合职教体系、创新人才培养模式、重塑办学价值定位，实现高质量发展。

（五）立足乡土文化

农村职业教育应建立农村职业学校服务乡村文化建设的长效机制，开展文化服务。乡村振兴战略背景下，农村生态文明建设的法治化日益成为焦点。因此，农村职业教育应将以下几个点作为发展方向：第一，农村职业学校加大对农村的文化扶持工作力度，鼓励高素质、高水平教师投身乡村建设，通过下乡担任志愿者、法律服务等方式服务乡村振兴事业，或者开展农村产业发展、生态环境保护、乡风文明建设、农村弱势群体关爱等方面的指导咨询服务。第二，农村职业学校开展"三下乡"精准服务。农村职业学校生源以农村孩子为主，学生来自农村，对农村的发展现状较为熟悉，对农村也更有感情。"三下乡"服务可以持续推动当地农村区域与社会发展，服务新农村建设。第三，农村职业学校发挥自身的文艺优势，大力繁荣兴盛农村文化，在农村开展各种文艺活动，扶持文化能人，如乡村艺术家和民间艺人，支持他们立足乡土开展文艺创造和文化活动。第四，培育职业农民创业教育氛围。乡村振兴战略背景下，需要以创业教育丰富农民教育理论，指导创业教育实践，以创业教育培育职业农民，壮大农村创业主体；以创业推进农村一二三产业融合，推进农村产业兴旺；深入研究"三农"问题，明确农民创业教育目标；构建线上线下融合的创业教育体系，营造农业特色创业课程等文化氛围。乡村建设，文化先行。各地区要因地制宜振兴本地文化，通过文化精准施策，助力乡村振兴。

（六）加大职业培训力度

农村职业教育应加大职业培训力度，培养"能工巧匠"。农村职业教育服务乡村振兴，必须改变传统的以学历教育为重心的职业教育思维，坚持以服务农村和培养农村职业技术人才为导向，建立健全农村职业教育培养体系与培训体系，提高农村职业教育人才培养的精准度，形成灵活开放的职业教育培训体系，培养适合乡村振兴的各级各类"能工巧匠"。主要表现为三个方面：第一，对乡村建设与乡村振兴的领军人物进行培训，扶持一批有领导力、有技能、有情怀、有抱负的农村基层干部、基层技能工匠、职业经理人、文化能人等乡村振兴迫切需要的专业人士。第二，加强职业农民培养培训。有文化、懂技术、会经营是职业农民的主要特征，主要有专业大户、农场经营大户等。对这些职业农民的培训，培训方式可以灵活多样，因地制宜，如采取高级研修班、送教下乡或农学结合等非全日制的方式。第三，对于培训合格的专业人员，建议颁发相应的职业技能鉴定证书，作为其求职、任职、营业的重要凭证，同时作为农村地区招聘、录用人才的主要依据。

三、乡村振兴战略下我国农村职业教育发展推进策略

（一）加强顶层设计，健全制度建设

1. 加强立法建设，推进法治化运行

当前，乡村振兴亟待加强立法建设。首先，立足于确立和提升农村职业教育的战略地位，进一步修订《中华人民共和国职业教育法》，在关系农村职业教育的体系构建、组织管理、保障条件（教育经费投入、师资队伍建设等）上要有明确、具体、可操作的规定，对于涉农企业（行业）、社会组织参与农村职业教育的权利与义务以及校企合作、产教融合中涉农企业的职责、权益和义务都要有明晰的阐述。其次，加强对相关法律包括《中华人民共和国教师法》《中华人民共和国农业法》《中华人民共和国农业技术推广法》《中华人民共和国义务教育法》《中华人民共和国教育法》《中华人民共和国高等教育法》《中华人民共和国民办教育促进法》等的修订，增加关于农村职业教育的培训条款，确保我国教育的各种基本法律对农村职业教育与培训的规定没有遗漏。最后，鉴于农村职业教育的特殊性，要建立专门的《新型职业农民培育法》，明确规定职业农民的内涵与类型，职业属性，培育原则，保障措施，准入门槛，认定考核，激励与惩罚，后期反馈跟踪，培训经费的来源、分配和监督以及涉农企业的责任和义务，培训机构的责权利，等等，引导职业农民培育工作走上法制化道路。

2. 完善政策体系支撑

首先，明确政策制定主体间的权责边界。农村职业教育作为一种"跨界"教育，在政策制定和实施层面具有跨界性。因此，在政策文本中要明确规定各主体在具体贯彻落实环节的权责分配，以真正发挥政策的协同增值效应。其次，出台相关配套政策。例如，农村各类人才（农业职业经理人、经纪人、乡村工匠、文化能人、非遗传承人等）的培育政策，包括培训政策（培训过程管理及效果与质量管理）、扶持政策（生活扶持、精神扶持、教育扶持）和认证政策（认定管理制度）等；农村学历教育与非学历培训协调发展的政策；农村职业教育资源配置的政策；农村职业教育师资队伍建设政策（包括师资库建设，师资人员的遴选、聘任、培训、考核、激励、评估、资质和资格认定等）；以及农村职业教育产教融合政策（包括激励政策、监督政策、质量评估政策、服务平台搭建政策，以及经费、人员保障政策）等。最后，致力于政策的执行效

率和效果，适当增加监督与评价方面的相关政策。例如，立足于提高职业农民培育的高效性和有效性，减少供给摩擦和供给错配，出台相关的质量评价与监督类政策，如建立评估考核指标体系、建立多主体评价与监督（包括引入第三方评估机构）机制。

（二）服务于乡村振兴，以培养各类人才为目标导向

1. 服务于乡村振兴，培养职业农民

乡村振兴，服务于农业产业振兴是第一要务。《中共中央国务院关于实施乡村振兴战略的意见》提出要构建农村一二三产业融合发展体系，推进农业农村现代化。在推进农业现代化的过程中，要不断推进农业技术创新和生产管理创新，促进农业的产业化、商业化和集约化。与传统农业相比，现代农业的基本特征是经营主体必须具有现代管理理念和知识，善于掌握和应用先进的科学技术，这对农民的技术技能和综合素质提出了更高的要求。然而，就我国农业人口的人力资源而言，农村人才素质与现代农业发展的要求还存在一定的差距，农民的素质和技能还不能满足农业现代化的要求。因此，要推进农业产业结构转型升级，首先要优化农村劳动力结构，培养一大批有文化、懂技术、会经营的职业农民，包括农村职业投资者、家庭农民、农民合作社的领军人物、发展现代农业产业加工的管理骨干、农业社会化服务人员等。

2. 服务于乡村振兴，培养乡村精英人才

有效治理是乡村振兴的基础。要实现这一目标，必须完善自治、依法治国、德治相结合的农村治理新体制。基于农村地区的特殊性，现阶段农村自治和法治的效果还有待提升。因此，农村职业教育培训机构必须根据农村社会结构的新变化和管理体制现代化以及管理能力现代化的新要求，积极依靠对村民的道德启蒙，提高农民的整体素质，提高农村文明程度，从而真正实现自治与德治结合的农村治理机制。这就要求在乡村治理中培养乡村领导的核心骨干，即善于在乡村树立威信和具有号召力的乡村精英。这类农村精英首先包括农村领导人，如大学毕业生、优秀的党政机关、企事业单位党员干部、乡镇领导干部、政府和乡镇机关公务员、乡镇事业单位人员等。其次，农村精英还包括乡土情怀浓厚的"新乡圣贤"，即有知识、有道德、有情怀，能够影响农村政治、经济、社会生态，并愿意为之做出贡献的人。再次，农村精英还包括知法、守法的基层法制人才和农村警察、消防、安全管理人才。

3.服务于乡村振兴，培养农村电商人才

乡村振兴，健全电子商务产业是要务。《中共中央国务院关于实施乡村振兴战略的意见》明确提出要重点解决农产品的销售问题，加快构建现代化农业产业链体系。要实现农业产供销系统的紧密整合，必须依托农村电子商务平台。通过发展农村电子商务，为农民搭建更好的销售平台，降低农产品在运输过程中的物流成本、服务成本和损失成本，加快农产品流通，从而完善农业产业链，提升我国农产品的国际竞争力。但目前我国很多拥有优质农产品的农民还不能很好地通过电子商务进行农产品配送。此外，随着城市化进程的加快，大量农村劳动力向城市转移，这进一步加剧了农村电商人才的短缺。因此，有必要拓宽人才培养目标的范围，通过多种方式培养既懂农业生产又懂农村电子商务的复合型、综合性人才，为农村电子商务的发展提供人才支撑。

4.服务于乡村振兴，培养乡土文化人才

乡风文明是乡村振兴的保障。《中共中央国务院关于实施乡村振兴战略的意见》指出要提升农民的精神境界，改变农民的精神风貌，形成良好的乡风、家风和民风，不断提高农村的社会文明程度。这就要求扶植和培养一批现代乡贤、乡村工匠、民间艺人、文化能人（包括非遗传承人）、农业职业经理人和经纪人等乡土文化人才，发挥其在乡风文明发展中的引领作用。首先，培养具有传统文化底蕴的民间艺人，组建乡土人才库，宣传、制定各种吸引人才的政策，包括物质激励（财力补贴）和精神激励（通过树立标杆，搭建成果展示和才艺展示的平台）政策。其次，积极吸收知识分子尤其是乡土文化学者等投身乡土文化教育和乡风文明建设，为乡风文明注入现代活力，不断提升中国特色乡风文明的时代精神和世界影响。最后，挖掘、培育各类乡土文化人才，发挥其在促进经济建设、活跃农村文化生活、传承民间文化方面的积极作用。

（三）加强学历教育改革，体现特色化

1.加强涉农专业集群建设

服务于乡村振兴，农村职业教育要围绕现代农业产业结构体系，打造服务现代农业和农村发展的涉农专业集群。

第一，现代农业专业集群建设。（1）升级传统种养殖专业，推进其向绿色农业、生态设施农业、循环农业等转型。（2）强化与现代农业产业配套的新兴专业，开设农业机械化、农业自动化、无人机植保、无人机监测、无人机使用与维修等专业。

第二,现代农业产供销产业链专业集群建设。(1)立足于提升农产品的优质化和特色化,开设农产品储藏与加工、农产品质量安全、农产品品牌建设等专业。(2)基于物联网、大数据等互联网技术的发展,开设农产品网络营销、电子支付、农村物流管理、农村财务管理、智慧农业、物联网农业监测、农场信息化管理等,推动农产品电子商务的新发展,实现现代农业发展的智能化、信息化。

第三,乡村现代服务业专业集群建设。(1)围绕乡村旅游服务,开设休闲旅游、观光农业、餐饮服务、酒店服务、导游服务等专业。(2)围绕乡村公共服务体系,开设就业创业服务、家政服务、社区服务、健康养老服务、医疗保健服务、社会治安等专业。

第四,涉农管理专业集群建设。如开设现代乡村综合管理、涉农企业管理、农村经济管理等专业,培养乡村建设与管理人才。

2.加强课程体系建设

农村职业教育要把办学目标定位于"为农""向农""富农",为农业、农村、农民的发展提供服务。因此,服务于农村学历教育办学目标定位,应从公共基础课、专业技能课、创业指导课以及校本课程四个方面加强农村职业学校的课程体系建设。

公共基础课可设置职业道德素养、法律基础与涉农政策法规、农村规划与建设、计算机网络应用基础知识、农业安全生产、农村家庭理财、农村卫生与农民健康、农村社会文化艺术实践等课程。

专业技能课可设置植物病虫害防治、高效种养殖新技术、绿色农业增产增效技术、农产品储藏与加工、农产品质量安全、农产品市场营销、现代生态农业建设、休闲农业发展前景、农业标准化及品牌建设、农业生态环保、"互联网+"农业、农村能源与环境、现代农业生产经营与管理、农机农艺农信融合、电商技术与管理(电商人才重点培训农产品电子商务知识、网络店铺建设、产品包装、客户服务、网络店铺营销等内容)等等。

创业指导课包括创业精神(如以农村创业致富能手的典型案例为引导)、创业知识(如财务管理、市场营销、电子商务、新型农业开发、现代化农业新技术等)、创业技能方面(如为创业者提供创业信息,培养他们敏锐的市场意识、市场评估与市场预测能力,提高他们的创业技能)的培训课程。

校本课程。农村职业学校的课程要突出地域和学校特色,引导学生热爱农村、坚守乡土。例如,挖掘农村的民歌民谣、民间故事、民间戏曲等;重视家乡传统和民族传统，如民风民俗、村规民约、民间传统节日等；重视当地的山水风貌、地方史志、历史遗址、非物质文化遗产等。

（四）加强非学历培训改革，提高有效供给

1. 基于乡村振兴战略总要求进行多向度培训

基于乡村振兴战略总要求，培训内容可从现代农业种养殖技术产业链、农业绿色生态产业链、乡村文化人文素养、乡村治理、生活服务等方面设置。

现代农业种养殖技术产业链培训。为服务乡村振兴，提高农业发展质量，农村职业教育必须开展现代农业种植养殖技术产业链培训。培训内容主要包括种植育种技术（如病虫害、动物疫病防控技术、农业质量与效益提升技术、信息管理农田技术等）、农产品贮藏加工、农产品质量安全、农产品营销（如农村物流管理、农村电子商务等）。

农业绿色生态产业链培训。为服务乡村振兴，创造人与自然和谐共生的新格局，农村职业教育必须开展农业绿色生态产业链培训。具体包括（1）农业生态系统管理、农村环境问题综合管理培训。（2）绿色观光农业培训。随着人们日常生活水平的提高，人们逐渐开始追求精神上的提升，希望利用闲暇时间到农村旅游。因此，有必要在餐饮服务、酒店服务、导游服务等方面对乡村旅游服务人员进行培训。

乡村文化人文素质培养。农村职业教育要服务乡村振兴，繁荣乡村文化，保持乡村社会稳定发展，就必须积极开展乡村文化和人文素质的培养。具体包括（1）思想道德教育。包括社会公德、职业道德、家庭美德和个人道德，可以强化农民的责任感、规则意识、集体意识和主人感。（2）优秀的传统文化教育。包括戏曲、民族文化、民俗文化、文物、农业文化遗产，可以促进农村优秀文化的传承和发展。（3）当地教育。通过乡镇文化站、乡村图书馆等方式，传播优秀的乡村传统文化，可以唤起农村社会群体的移情，培养农民的乡土意识和乡土情怀，使他们愿意坚守乡土，参与乡村振兴建设。

乡村治理培训。为服务乡村振兴，提高社会治理效率，形成良好的乡村治理格局，农村职业教育必须积极开展乡村治理培训。具体包括（1）村委小组培训。对两个村委会领导小组进行党建知识、新农村政策、支农惠农强农政策、现代农业实用技术、村镇建设管理知识等方面的培训。（2）基础设施管理和维护培训。对管理人员的知识和技能培训，如教育管理、道路养护、排水与电网改造、医疗服务、绿化照明、废物回收利用等。（3）对农民进行法律培训。如民法、经济法、环境保护法、农业法等相关内容，强化农民的法治观念和法治意识。

生活服务培训。立足于服务乡村振兴，塑造美丽乡村建设新风貌，农村职业教育必须积极开展生活服务培训。开展职业技能培训，可以促进农民工多渠道就业。开展科学文化活动，可以提升农村居民的综合素养，不断增强其幸福感和获得感。如对农村留守儿童加强心理疏导，提升其自信心和耐挫力；对农村留守妇女加强医疗卫生保健和心理素质教育；向农村留守老年人传授健康及保健常识，开展戏曲表演、书法练习、讲故事等活动，丰富老年人的业余生活。

2. 基于市场细分进行分类培训

乡村振兴，人才是关键，既需要大批职业农民，也需要各领域的专业人才。因此，要对农民进行分类培训。对生产型职业农民提供良种选育、种养殖技术、农作物病虫害防治、测土配方施肥技术、农业高效灌溉节水技术、农产品储藏与加工等培训；对经营型职业农民提供农产品质量安全、农产品市场营销与电子商务、财务会计与管理、家庭农场经营与管理、农业企业经营与管理等培训；对服务型职业农民提供土壤检测与改良、现代农业灾害防治、新型农机使用与维修、植保无人机应用、职业道德等培训。对于青壮年农民，尤其重点加强现代农业综合实用技术、现代农产品技术推广、农业观光旅游、就业创业技能、职业素养、传统乡土文化等方面的培训，全面提高其综合素质，将他们培养为农村致富带头人。对乡村精英（新乡贤）进行农业政策与法律法规、农村矛盾纠纷调解、基层管理等方面的培训。对于返乡农民工、军人、大学生，主要对他们进行有关创业知识、创业能力、创业心理素质等的综合培训，激发其创业意愿与激情，提高创业效能。

3. 拓展多样化的培训方式

一方面，开展线下培训。线下培训包括课堂培训、田间地头培训以及课堂培训和田间地头相结合的方式。课堂培训可采用聘请专家进行培训；田间地头培训可采用聘请"土专家"和"田秀才"进行培训；课堂培训和田间地头相结合的培训则可采用"土专家""田秀才"与"教授""专家"齐上阵的办法。

另一方面，开展线上培训，即信息网络式培训。相对于线下的教育培训方式，信息网络式培训不受时间与空间的限制，在教育对象上面向人人，使农村弱势群体与偏远地区农民都有接受教育与培训的机会，是实现优质教育资源共享的有效形式。例如，可以通过网上课程资源开发与建设、网上教学手段的创新（包括微课、慕课）等，为农民提供教育与培训服务，同时，还可以采取网上学习激励的办法，如网上学习打卡，积分到一定程度可以颁发专业资格证书等方式，激发农民自觉学习、提升自我的动力和热情。

4. 创新农民职业化培育制度机制

党的十九大提出要实现乡村振兴，进一步提出培育新型职业农民。第一，建立新型职业农民认定制度。新型职业农民作为一种职业，是农民主动选择的职业，而不是被赋予的"身份"和"称呼"，理应得到社会的认可和尊重。因此，可根据农村经济结构和现代农业产业结构特点，制定严格的新型职业农民认定标准，并将新型职业农民资格证书与区域惠农优惠政策挂钩，使农民这一职业更有尊严、更有保障。第二，建立新型职业农民常态化的培训制度。对照生产型、经营型、服务型新型职业农民的不同行业标准，科学设置涉农课程，制定标准化的培训内容体系。第三，建立教育补助机制。对于接受新型职业农民培训、具备相应职业能力的农民给予一定的奖励和资金补助，并以"培训券"的形式提供后期优先培训机会。另外，对于取得高级职业资格证书的新型职业农民，通过减免税费、贷款优惠等形式为新型职业农民提供一定创业资金。第四，建立反馈跟踪机制。针对新型职业农民的不同类型、文化程度、服务产业以及培训情况等信息建立健全档案管理制度，以便做好后期的信息技术跟踪服务，不断改进教育培训质量。

（五）加强资源建设，提供资源保障

1. 重视专业师资队伍建设

第一，通过各渠道充实农村职业学校师资队伍。集思广益，通过多种方式吸引高等院校毕业生、大学生村干部以及其他各类优秀人才到农村职业学校任教，如政策倾斜、制度创新、激励机制等。同时，组建以涉农企业中理论实践能力兼备的技术人才、农科院科技人员、农村实用人才带头人、农业科技推广员、专业技师以及农村能工巧匠等为主的兼职教师师资库，拓宽教师来源渠道。第二，加强农村职业学校教师的专业化培养。要建立健全专业师资培训制度，选派一线教师到高等院校、实习实训基地以及对口单位定期培训学习，进涉农企业挂职锻炼，提高农村职业学校教师的专业化水平。第三，建立健全农村职业学校教师考核机制。加强对农村职业学校教师的理论教学、实践教学以及终身学习情况等进行定期考核。对于考核优秀者，可以在绩效工资、职称晋升、评先评优等方面给予倾斜,以调动农村职业学校教师自我发展的积极性。

2.加大经费投入

要建立以政府为主体,多主体参与的经费投入机制。首先,政府必须加大农村职业教育的资金投入,解决经费不足的问题。各级政府要将农村职业教育与培训工作纳入区域经济社会发展总体规划和产业发展规划,并设立农村职业教育与培训专项经费,每年定时定额将专项经费落实到每个乡镇职业院校和培训单位,根据实际需要逐年适当增加资金投入,并建立农村职业教育与培训专项经费使用情况和监督管理机制,确保经费落实到位,做到专款专用。其次,调动社会多主体参与农村职业教育的经费投入,充实农村职业教育与培训的经费来源渠道。政府可以通过政策倾斜、财政补贴、减税免税、信贷优惠等方式,激发事业单位、涉农企业(行业)、社会组织以及公民个人投入农村职业教育与培训的积极性。同时可以将农业建设资金、农村科学技术开发、农业技术推广的部分经费作为农村职业教育发展经费,建立多主体参与的经费投入机制。

3.强化基础服务能力建设

首先,加强农村职教基础能力建设。政府要加强农村职业院校的办学条件,着力完善教学场所以及实训基地建设,更新教学仪器、教学设施设备,确保满足各个专业实习实训所需。其次,提供多样化的实训基地,使农民的理论学习与农业生产实际相结合。一是建设一批专业化、规模化、标准化程度较高的校内农业生产示范实训基地,为职业农民的实践教学搭建平台,使课堂理论与实践操作不再是"两张皮"。二是依托各级政府建立的农业合作社、现代农业园区、职业农民培育示范基地、涉农龙头企业以及创业孵化基地和农民田间学校等,通过现场观摩学习交流经验,使职业农民所学的知识更具有针对性和实用性。最后,重视农村职教信息网络建设,提升其服务能力。基于互联网技术构建县、乡、村三级农村职业教育与培训网络体系,建立职业农民在线数字化学习平台,开通农村职业培训微信公众号,提供个性化网络课程,实现教育资源的共享。

(六)建立横向贯通、纵向衔接的统筹协调机制,完善管理体制

农村职业教育作为一项整体的系统工程,需要相关部门相互沟通,积极配合,统筹协调,共同努力,实现农村职业教育的可持续发展。因此,有必要建立一个横向贯通、纵向衔接的整体协调机制。首先，从宏观层面上，要建立农村职业教育培训管理机构，管理好农村职业教育培训中心、劳动、科技、农林、人力资源和社会保障、妇联、扶贫办、教育等部门，防止各部门独立运作造成农村职业教育资源的分散和浪费。其次，从微观层面上，县级地方政府建立农村职业教育和培训工作委员会，赋予工作委员会管理和决策的权力，对于主管委员会成员的具体工作，各部门负责人都要有明确的职责分工，要协调各部门的工作，形成一个高效协同工作的工作机制。因此，在农村振兴的背景下，有必要明确农村职业教育和培训委员会的职能，充分发挥它们在城乡职业教育中的作用，以促进农村职业教育服务农村振兴。

（七）调动社会多方力量服务于农村职业教育，推进公共治理

农村职业教育的发展和职业农民的培养离不开农业企业（产业）等社会力量的帮助。如何有效调动这些社会力量，积极参与农村职业教育，真正构建由政府、高职院校、涉农企业（行业）等多元主体共同推动的农村职业教育发展新格局，是实现农村职业教育自身发展和服务于乡村振兴战略的关键。

第一，政府购买农村职业培训。通过引入市场竞争机制和公开招标等方式，在市场上选择信誉好、社会影响力大的企业（行业）承接服务项目，激发其参与农村职业教育的积极性。第二，建立成本补偿机制。针对涉农企业营利性与农村职业培训公益性之间的矛盾，政府应放宽农村职业培训准入标准，对参与农村职业培训的公益组织给予成本补偿，从而鼓励社会力量参与职业培训。第三，建立激励惩罚机制。政府应加强对涉农企业（行业）培训项目的监管，确保农民通过培训获得高质量的培训服务。政府可以通过税收、信贷等经济杠杆，对参与农村职业培训的企业（行业）给予优惠政策；对业绩突出的涉农企业给予表彰和奖励，树立榜样；对职业培训不到位的社会组织，建立适当的惩罚机制，如取消其再次从事服务的资格等。

（八）加强质量监控，健全评价机制

1.建立多元化的评价标准体系

农村职业教育与培训评价指标体系主要可以从六个维度（组织与管理、条件与保障、教育与培训、效益与效果、特色与创新、加分项）来考核，每个维度下又可细化为多个评价指标要素，如表3-1所示。

表 3-1 农村职业教育与培训评价指标体系

一级指标	二级指标	三级指标	分值
1. 组织与管理（16）	1.1 重视程度	1.1.1 政府将农村职业教育与培训工作纳入区域经济社会发展总体规划和产业发展规划，每年不少于 4 次研究农村职业教育与培训工作相关事宜	2
		1.1.2 成立农村职业教育与培训工作小组，有专人负责	2
		1.1.3 工作小组成员分工明确，协调相关部门，形成齐抓共管的高效工作机制	2
	1.2 目标管理	1.2.1 基于农村职业教育的发展需要，制定了系统的长期、中期、近期农村职业教育与培训规划和指导意见	3
		1.2.2 将农村职业培训落实情况作为各级政府实绩考核的重要依据	1
	1.3 制度建设	1.3.1 常态化的培训制度	1
		1.3.2 健全的档案管理制度	1
		1.3.3 定期检查与考核制度	2
		1.3.4 激励与惩罚机制	2
2. 条件与保障（18）	2.1 师资队伍建设	2.1.1 有稳定的"双师型"教师队伍	2
		2.1.2 选调农科院科技人员、大学生村干部、大学毕业生担任专职或兼职老师	3
		2.1.3 本科学历的教师达 50%	1
		2.1.4 硕士学历的教师达 50%	1
		2.1.5 专任教师师生比不低于 1∶20	1
	2.2 经费投入	2.2.1 创建农村职业教育与培训专项经费	1
		2.2.2 建立了农村职业教育与培训专项经费使用情况和监督管理机制	2
		2.2.3 农村职业教育专项经费落实到位，并做到专款专用	2
	2.3 基础设施建设	2.3.1 建有农村职业培训实训基地	1
		2.3.2 完善农村职业培训基地的培训设施	2
		2.3.3 建有数字化学习网、在线培训课程等	2

第三章　乡村振兴战略下农村职业教育的发展与推进

续 表

一级指标	二级指标	三级指标	分值
3. 教育与培训（33）	3.1 专业设置	3.1.1 开设现代农业专业（如农业机械化、农业自动化、无人机植保等）	3
		3.1.2 开设现代农业产供销产业链相关专业（如农产品网络营销、物联网农业监测、农场信息化管理等）	3
		3.1.3 开设乡村现代服务业相关专业（如休闲旅游、观光农业、乡村公共服务等专业）	3
		3.1.4 开设涉农管理专业（如乡村综合管理、涉农企业管理、农村经济管理等）	3
	3.2 课程设置	3.2.1 公共基础课程（包括职业道德素养、法律基础与涉农政策法规、农村规划与建设等）	3
		3.2.2 专业技能课程（包括高校种养殖技术、现代生态农业建设、休闲农业发展前景等）	3
		3.2.3 创业指导课程（包括创业精神、创业知识、创业技能等方面）	3
		3.2.4 校本课程（包括民歌民谣、地方戏曲、地方史志、历史遗迹等）	4
	3.3 培训内容	3.3.1 现代农业种养殖技术产业链培训（包括种养殖技术、农产品储藏与加工以及农产品质量与安全等）	2
		3.3.2 农业绿色生态产业链培训（包括生态系统治理、环境问题综合治理、绿色观光农业培训等）	2
		3.3.3 乡土人文素养培训（包括思想道德、优秀传统文化、乡土乡情教育等）	2
		3.3.4 乡村治理培训（包括乡村"两委"班子培训、基础设施管理与维修培训、法治培训等）	2
		3.3.5 生活服务培训（包括职业技能培训、农村居民科学文化活动等）	2
	3.4 理论与实践培训	3.4.1 理论培训	1
		3.4.2 实践（田间地头）培训	1

续 表

一级指标	二级指标	三级指标	分值
4. 效益与效果（13）	4.1 培训对象	4.1.1 培训对象覆盖率为 80% 以上	1
	4.2 受众满意度	4.2.1 受训人员的培训合格率为 80% 以上	1
		4.2.2 农民取得职业资格证书的比例为 80% 以上	1
		4.2.3 农民的创业率为 50% 以上	1
		4.2.4 农民对培训的满意度（包括培训内容、培训方式等）达 80%	1
	4.3 社会满意度	4.3.1 涉农企业对员工的满意度（包括农民综合素质、农民技术技能等）为 80% 以上	1
		4.3.2 政府相关部门的表彰肯定	1
		4.3.3 获省（市、自治区）级及以上"示范农村"称号	1
	4.4 乡村振兴实现程度	4.4.1 农业发展质量提升，形成特色产业	1
		4.4.2 农村绿色发展，人与自然和谐共生	1
		4.4.3 农村文化繁荣昌盛，80% 以上的农民愿意坚守乡土	1
		4.4.4 农村社会充满活力，和谐有序	1
		4.4.5 农民生活水平提高	1
5. 特色与创新（10）		5.1 注重融合地域文化因子进行课程开发，已形成具有区域特色的培训课程	5
		5.2 在体制机制、队伍建设、经费统筹、理论研究、载体建设、品牌打造等方面有特色创新和典型示范价值。	5
6. 加分项（10）		6.1 代表农村参与街道（区或市）举办的评奖评优活动并取得名次	5
		6.2 多次被评为先进典型，其成果得到政府部门的认可	5
合计			100

2. 健全评价方法

（1）建立多元主体评价机制。农村职业教育的评价主体涉及众多的人员，包括政府行政主管部门、职业院校、学生个体、涉农企业（行业）和社会等多个主体。目前，我国农村职业教育评价主体单一，具有很大的局限性和主观性。因此，要建立多元主体参与农村职业教育与培训评价机制，不仅要包括农村职业教育行政管理部门，还应包括职业学校（培训机构）、教师、培训人员、用工单位等。

（2）建立量化评价与质性评价相结合的机制。目前，政府对农村职业教育与培训的评价仅以参与人数、课程次数等可量化的数字为指标，较少考虑农民的培训需求、培训参与度、培训满意度和培训效果这些质性因素。而在实际运行中，有很多评价因素是无法用数字衡量的，需要通过长期跟踪观察、交流等方式进行质性评价。因此，要建立量化评价与质性评价相结合的机制，科学有效地进行农村职业教育与培训的质量监控。

（3）建立终结性评价与过程性评价相结合的机制。目前，我国农村职业教育主要以终结性评价为主，忽略了过程性评价。因此要重视过程性评价中受训人员的参与度、学习效果和满意度等因素，及时地发现问题。同时，要对终结性评价结果进行深入挖掘和分析，以便对培训内容、培训形式等进行及时调整，提升后期农村职业教育与培训的效能。

第四节　农村职业教育推进的新使命

（一）激活农村经济活力，促进农业产业振兴

实现乡村振兴必须从根本上转变农村经济发展方式和升级农村产业结构。一方面，迫切要求提升农产品质量，深入推进农业向优质化、特色化、绿色化转型，不断提高农产品的附加值和优势农产品的国际竞争力。另一方面，迫切要求加快构建现代化新型农业产业链体系，农业产业链涉及农产品从原料、加工、生产到产后储藏、分级、包装、营销等各个环节。这就需要建设现代化农产品销售服务平台和农村电子商务发展的基础设施，以加快农产品流通的现代化。同时要扶持发展一批现代化新兴产业，如数字农业、智慧农业、休闲观光农业、创意农业、生态农业以及设施农业等等。这些对农村劳动力质量、结构和类型均提出了新要求，不仅要求其满足现代化农业产业结构升级、适应新兴产业的发展需求，而且需要其具备绿色发展理念、掌握现代农业技术和管理

经验以及"互联网+"技术。这就要求农村职业教育与培训的专业设置、课程设置、教学内容与教学方式的选择紧密对接农村经济社会的全面发展，为农业产业振兴培养生产型、经营型和服务型职业农民，以促进农业产业结构调整升级、激活农村经济活力。

（二）提高农村人才素质，加快城乡融合发展

党的十九大报告明确提出"建立健全城乡融合发展体制机制和政策体系"，这是中央文件首次提出"城乡融合"的理念和目标。"城乡融合"不同于以往农村建设实践中提出的"城乡统筹"和"城乡一体化"，不仅是农村与城市经济层面、服务层面的融合，更是一种观念层面的融合。首先，经济层面融合要求实现农业农村现代化，通过定期培训提升农民的农业生产经营管理技术和创业就业能力，促进农民收入稳定增长，在经济层面上缩小农村与城市的差距。其次，服务层面融合要求公共服务体系（包括教育服务体系、医疗服务体系等）、治理体系等进一步向城市看齐，不断提升农民的生活质量。再次，观念层面融合要求农民具备绿色观念、创新观念、法律观念、诚信观念和基本的人文素养，缩小与城市居民的意识和观念差距，成为具有一定流动能力的现代职业农民。显然，实现城乡融合的战略目标，农村人才职业素质的提高是关键，这就要求农村职业教育应紧紧围绕现代农业发展的要求，大力培养现代农业所需要的各类人才，使人才链与产业链相对接，最终实现城乡融合。

（三）传承优秀传统文化，加强乡风文明建设

乡风文明是乡村振兴的灵魂和思想基础。乡风是特定乡村村民的思想观念、生活习惯、文化习俗长期积淀形成的精神风貌。乡风文明是乡风在新时代发展到较高阶段或层次的状态。农村职业教育对于促进乡风文明建设和满足农民精神文化需求起着重要的基础性作用，这就要求农村职业教育首先要充分发挥人才和基地的优势，以社会主义核心价值观为引领，深化农村传统思想道德宣传教育，不断强化农民的责任意识和主人翁意识。其次，通过校村共建共享、宣讲涉农法规政策、推进文化惠民下乡、深入挖掘优秀农耕文化遗产和民间艺术等，在切实保护农村优秀传统文化的同时增强农民对乡村振兴主体地位的认识，引导农民积极进取、自立自强，培育文明乡风、良好家风、淳朴民风。最后，广泛开展群众性精神文明活动，遏制农村陈规陋习，不断提高农民的科学文化素养。

第四章 农村职业教育现代化

第一节 现代农村职业教育体系的构建

构建现代农村职业教育体系,不仅是实现我国农村发展振兴战略的现实需要,也是满足农民日益增长的教育需求的需要,更是优化国民教育体系的内在需要。

一、我国现代职业教育体系构建的历史溯源

构建与经济社会发展相适应的现代职业教育体系,是我国教育领域一直以来孜孜追求的目标。从 20 世纪 50 年代至今,尤其是 21 世纪以来,我国非常重视职业教育在经济社会发展和教育战略规划中的重要地位,并一直围绕如何构建更为科学完善的职业教育体系进行总体规划和设计。

中华人民共和国成立后,在 1951 年颁布的《关于改革学制的决定》中,首次明确了职业教育的战略地位,并试图建构符合当时国情的职业教育体系,将专科学校、中等专业学校、工农速成学校、各类业余学校等都包括在新学制中。

1985 年,《中共中央关于教育体制改革的决定》提出了发展职业技术教育,首次提出要构建从初级到高级、行业配套、结构合理与普通教育相互沟通的职业技术教育体系。

1996 年颁布实施的《中华人民共和国职业教育法》第七条专门对职业教育在我国农村地区经济建设及农村社会发展中的重要地位进行了明确的规定,

"国家采取措施，发展农村职业教育，扶持少数民族地区、边远地区职业教育的发展。国家采取措施，帮助妇女接受职业教育，组织失业人员接受各种形式的职业教育，扶持残疾人职业教育的发展"。第二章专题阐述了构建职业教育的体系问题，指出应根据经济发展水平和教育普及程度的地区差异，实施以初中后为重点的不同阶段的教育分流，建立全职业教育与培训并举，与其他教育协调发展的职业教育体系，并进一步明确了职业学校教育系统的层次结构和职业培训系统的类型结构问题。

2005年颁布的《国务院关于大力发展职业教育的决定》首次提出要构建"中国特色的现代职业教育体系"，指出"要建立和完善适应社会主义市场经济体制，满足人民群众终身学习需要，与市场需求和劳动就业紧密结合，校企合作、工学结合，结构合理、形式多样，灵活开放、自主发展，有中国特色的现代职业教育体系"。

2010年，《国家中长期教育改革和发展规划纲要（2010—2020年）》（以下简称《纲要》提出："到2020年，形成适应经济发展方式转变和产业结构调整要求、体现终身教育理念、中等和高等职业教育协调发展的现代职业教育体系，满足人民群众接受职业教育的需求，满足经济社会对高素质劳动者和技能型人才的需要。"《纲要》不仅对现代职业教育体系的内涵进行了全新表述，而且对体系构建的目标、理念和依据进行了阐述。

2011年，《教育部关于推进中等和高等职业教育协调发展的指导意见》（教职成〔2011〕9号）提出："合理确定中等和高等职业学校的人才培养规格，以专业人才培养方案为载体，强化学生职业道德、职业技能、就业创业能力的培养，注重中等和高等职业教育在培养目标、专业内涵、教学条件等方面的延续与衔接。"

2014年3月25日，时任教育部副部长的鲁昕在全国职业教育工作会议规划编制座谈会上提出，要加快构建以就业为导向的现代职业教育体系，为促进经济提质增效升级提供人才支撑。

2014年颁布的《国务院关于加快发展现代职业教育的决定》（国发〔2014〕19号）中明确提出，到2020年，形成适应发展需求、产教深度融合、中职高职衔接、职业教育与普通教育相互沟通，体现终身教育理念，具有中国特色、世界水平的现代职业教育体系。相对而言，现代职业教育体系将具备四个方面的优势：一是结构规模更加合理；二是院校布局和专业设置更加适应经济社会需求；三是职业院校办学水平普遍提高；四是发展环境更加优化。

第四章 农村职业教育现代化

2014年6月16日，教育部、国家发展改革委、财政部、人力资源社会保障部、农业农村部、国务院扶贫办联合颁布了《现代职业教育体系建设规划（2014—2020年）》（教发〔2014〕6号），明确提出"牢固确立职业教育在国家人才培养体系中的重要位置，到2020年，形成适应发展需求、产教深度融合、中职高职衔接、职业教育与普通教育相互沟通，体现终身教育理念，具有中国特色、世界水平的现代职业教育体系，建立人才培养立交桥，形成合理教育结构，推动现代教育体系基本建立、教育现代化基本实现"。

综上所述，我国已经对现代职业教育体系构建的内涵、功能、价值、理念、边界、路径、内容等方面有了更为清晰的认识。

二、现代农村职业教育体系的内涵

（一）现代职业教育体系的内涵解读

现代农村职业教育体系属于现代职业教育体系的一部分。要把握现代农村职业教育体系的内涵，首先需要对现代职业教育体系的内涵进行分析。

"现代职业教育体系"是与"传统职业教育体系"相区别的概念。只有符合现代经济社会发展需求，具备"现代"特征的职业教育体系，才能被称之为"现代职业教育体系"。那么，什么样的职业教育体系才具有现代特征，才可以被称为"现代职业教育体系"呢？

事实上，国家有关职业教育体系构建的相关文件精神中，关于现代职业教育体系的表述也越来越清晰。

《国家中长期教育改革与发展规划纲要（2010—2020年）》指出，到2020年，形成适应经济发展方式转变和产业结构调整要求，体现终身教育理念，中等和高等职业教育协调发展的现代农村职业教育体系，满足人民群众接受职业教育的需求，满足经济社会发展对高素质劳动者和技能型人才的需要。据此，有研究者将"现代农村职业教育体系"的内涵概括为"'两个适应'即适应经济发展方式转变，适应产业结构调整；'两个满足'，即满足人民群众接受职业教育的需求，满足经济社会发展对高素质劳动者和技能型人才的需要）；'一个体现'，即体现终身教育理念；'一个协调'，即中等和高等职业教育协调发展"。这与时任教育部副部长鲁昕在2011年5月16日教育部召开的2011年度职业教育与成人教育工作视频会议上，对"现代农村职业教育体系"内涵的解读相一致。

《现代职业教育体系建设规划（2014—2020年）》（教发〔2014〕6号）则进一步明确了现代职业教育体系在国家人才培养体系中的重要地位，并明确指出，到2020年应该形成具有如下要义的现代职业教育体系，即在功能上要适应经济社会发展需求，在办学路径方面实现产教深度融合，纵向结构上实现中职高职衔接、横向结构方面实现职业教育与普通教育相互沟通，在设立理念方面要紧扣终身教育理念，在表现形式方面体现中国特色，在发展水平方面体现世界水平，在教育自身功能方面能助推现代教育体系的建立和教育现代化。

（二）现代农村职业教育体系的内涵解读

在我国，人们往往将所在区域作为区分农村职业教育和城市职业教育的主要依据。依此维度来划分，职业教育体系包括城市职业教育体系和农村职业教育体系。这里着重介绍农村职业教育体系。

在我国，传统意义上，农村是指县及县以下的区域，是一个行政区域的概念。作为职业教育体系的组成部分，我们可以对现代农村职业教育体系进行如下解读。所谓现代农村职业教育体系是指能够适应农村城镇化、农业现代化对人才的现实需求、产教深度融合、初等职业教育与中高等职业教育有效衔接、农村职业教育与城市职业教育联动、职业教育与普通教育相互沟通、农村社区学院、农村职业学校与职业培训并举，能够体现终身教育理念和世界职业教育水平的农村职业教育结构体系。现代农村职业教育体系由层次结构、类型结构、专业结构、布局结构、办学结构等组成。

三、现代农村职业教育体系的构建

（一）现代农村职业教育体系的构建依据

1. 构建现代农村职业教育体系的理论依据

职业教育体系的建构需要理论指导。人才结构理论、终身教育理论、人力资本理论等，是指导我国现行职业教育体系构建的重要理论依据。

（1）人才结构理论。无论是"金字塔"形、"职业带"形，还是"阶梯形"人才结构模式都从不同角度对人才结构进行了表述。现代人才结构应由不同系列、不同层次的人才按比例组合而成。不同性质的工作岗位有不同系列的人才结构。依照人才结构理论，职业教育体系也应该是多种层次（由初级到高级），各成序列（各类人员由低到高自成序列），又相互可以沟通的系统。目前，我国农村人力资源总量不足和人力资本存量不足同时并存；高学历、高技能素养、高就业能力、现代职业农民、创业型人才缺少，这些方面构成了我国当前农村人才结构的基本现状。农村职业教育体系构建时必须依托这一现实，在功能定位、层次、类型结构上进行合理规划构建。

（2）终身教育理论。在联合国教科文组织主持召开的成人教育促进国际会议期间，保罗·朗格朗正式提出了"终身教育"这一概念。时至今日，终身教育理论已经不再是人们热烈讨论的话题，而是一个如何从理论走向实践的话题。教育体系的构建必须适应人们终身教育的需要。农村职业教育的多样性和丰富性中就体现着"人民性""大众性""草根性""终身性"等特定内涵。从教育的对象来看，农村职业教育彰显着"有教无类"的现代教育理念，从学龄期到老年期，从职业前到职业中再到职业转换，都可以随时进入职业教育机构接受教育；从功能定位和教育内容来看，从教育教学组织形式来看，农村职业教育无不具有多样性和丰富性特征。从性质来看，农村职业教育从其一产生就与终身教育理论具有内在逻辑的一致性。农村职业教育体系的构建需要基于特定时代、特定区域的实际情况进行科学构建。

（3）人力资本理论。人力资本即附着在个体身上的知识、技能和能力。由于这些知识、技能与能力能够影响个体的未来职业和报酬，因此，也被看作一种比传统资本（生产资料、货币、机器、厂房等）更重要的新型资本。美国经济学家舒尔茨通过分析发达国家和发展中国家的经济发展道路，发现两者的主要不同在于对人力资本的投资是否足够重视。在现代社会，教育不再被视为一种单纯的消费性投资，而被看作一种导致经济增长的主要投资活动。因此，大力发展职业教育，建立完善的职业教育体系，应被理解为现代国家对国民的一种人力资本投资，这种投资将对国家发展、民族振兴具有战略意义。

2.构建现代农村职业教育体系的现实依据

一方面，农村社会经济建设的现实需要是构建现代农村职业教育体系的现实依据。在我国全面推进小康社会建设、农村"四化"同步发展、土地流转制度实施、职业农民培育、返乡创业农民工等时代背景下，我国农村经济社会正在经历由传统农村社会向现代农村社会过渡的深刻变革。在这样一种时代背景下，现代农村职业教育的功能作用如何重新定位？现代农村职业教育的体系结构如何进行重构？这些方面都是农村职业教育改革的重要领域。

另一方面，我国农村的农村人力资源和人力资本的现状也应成为构建现代农村职业教育体系的现实依据。从农村人力资本的视角而言，伴随着我国改革开放的进程,我国农村人力资源大量涌向城市,由农业向非农产业转移,这直接导致了农村人力资源的总量不足,使得农村人力资源总量不足、人力资本不足的问题同时并存,直接影响了我国"四化"的步伐。

作为面向"三农"服务的农村职业教育,必须面对农村人力资源的现实,进行体系的优化和完善。首先,应致力构建主要面向农村人口的职业学校教育体系。农村的现代化建设需要大量懂得现代农业生产和农村经济社会建设的农村人口,需要从青少年的教育做起,构建未来农村经济社会建设的人力资本库。其次,要构建完善的面向涉农产业的职业培训体系。农村经济建设的核心关键词是"农"字,要围绕农业产业做文章,构建起面向涉农产业相关的职业培训系统。最后,要构建以农村职业教育功能和内容为主体的农村社区学院。农村社区学院是构建农村终身教育体系的重要组成部分,具有提升农村人口的学历、基本素养、职业教育与培训,丰富农村文化氛围等多重功能。在目前,针对农村人口人力资源存量不足、农村人力资本投资较低的现状,农村社区学院应在办学功能定位上、教育教学内容体系的构建上适当向职业教育方面倾斜。

3. 构建现代农村职业教育体系的参考依据

其他国家关于农村职业教育的发展趋势是构建我国现代职业教育体系的参考依据。世界职业教育体系发展趋势,一是表现为职业教育的各个层次以及它们与普通教育之间的相互沟通和衔接,形成了"职业教育—就业—继续教育(培训与深造)—更高层次的再就业"这种良好的循环机制,形成了纵横交错而又畅通的有机网络。特别是普通高等教育为接受职业教育的人们提供了良好的深造机会和条件。二是职业教育具有相对独立和相对完整的结构体系、运作管理机制和评价考核标准,它的师资、课程标准、教材以及教学方法等都有自己的鲜明特色,形成了职前、职后相互衔接,初等职业教育、中等职业教育和高等职业教育相互衔接的体系。这些对构建我国职业教育体系有很大的参考价值。

(二)现代农村职业教育体系的构建原则

1. 县域性原则

在我国,农村是一个行政区划的概念,农村地区指的是县及县以下的地区。农村职业教育自然是指县及县以下地域设立的职业教育。农村职业教育与地方社会经济发展联系最为紧密,经济社会环节是农村职业教育健康发育的现实土壤。我国不同区域社会经济发展存在较大差异,即便是同一个区域,不同县域的经济异质性和差距都很大,这就导致不同县域农村职业教育发展的规模、层次、水平存在较大差距。这种县域性特征不仅表现在量和水平上的差距上，也表现在教育内容方面的异质性上。因此，应根据地方社会经济发展需要和尊重职业教育发展的历史和现状，构建出反映县域发展特色的现代农村职业教育体系。只有区域特色明显的现代农村职业教育体系，才能更好地服务地方社会经济的发展。

2. 城乡协同性原则

农村职业教育与城市职业教育统筹协调发展是实现和谐发展的时代诉求。20世纪后期，我国基于特定的时代背景，实施了"以农养工"的国家战略，在实现振兴工业的过程中，城乡贫富差距也日益拉大。进入21世纪，我国已经步入了"工业反哺农业，城市支持乡村"的时代。但由于历史的原因，城乡在诸多方面的差距依然很大。在职业教育的发展方面，也呈现出较大的城乡差距。从我国社会和谐发展的实践诉求来看，城乡职业教育协同发展是实现我国经济社会和谐发展的必然要求。

城乡协同发展也是构建现代职业教育体系的内在要求。作为职业教育系统的两个子系统，城乡职业教育虽然在自身功能定位、发展环境、教育内容等方面存在不同，但作为同属于职业教育系统的两个组成部分，既有不同，也有相通之处，各自还独具自身优势。城乡职业教育之间应通过加强沟通与合作，相互取长补短，从而构建更为科学的现代职业教育体系。

3. 系统性原则

体系是由构成体系的相互联系的要素组成的，具有系统特征。系统性是现代农村职业教育体系的基本特性。其含义包括两个方面：一是要把职业教育体系作为教育体系的有机组成部分，纳入教育事业发展的整体规划之中；二是要对农村职业教育体系进行整体设计。现代农村职业教育体系既包括作为职业教育实施机构的农村职业学校教育系统和农村职业教育和培训系统，也包括农村职业教育管理体系，以及相应的课程体系、专业体系、评价体系、保障体系、制度体系等职业教育子体系，并表现出相互之间的关联性。

（三）现代农村职业教育体系构建的助推机制

1. 现代农村职业教育体系构建的分区推进机制

适应我国各地区农村社会经济发展新形势的现代农村职业教育体系，应具有区域特色。一方面，我国现行的农村职业教育体系在形成过程中已经表现出一定的区域性特征。一般来说，经济发达地区应大力发展农村中等职业教育，适度发展农村高等职业教育。而经济欠发达地区，以发展农村中等职业教育为主，同时兼顾农村初等职业教育的发展。我国现代农村职业教育体系的构建，应尊重各地区的实际情况，尊重其历史和现实基础。另一方面，职业教育发展与区域经济社会发展存在内在的密切联系，不同区域的社会经济发展对区域农村职业教育发展有不同的诉求。在我国现代农村职业教育体系的构建过程中，应充分发挥地方主体性，鼓励各地结合自身特点和需求，有重点、有针对性地探索区域职业教育发展的特殊性和规律，形成区域农村职业教育体系的特色。

2. 不同层次农村职业学校的有效衔接机制

（1）改革面向农村中职学校的招生机制。主要是通过调整高职院校对口单招农村中职的生源比例，从而提升农村中职的吸引力。一些职业教育比较发达的国家和地区都把中职毕业生或具有一定职业知识和技能的综合中学毕业生作为高职生源的首选目标。例如，韩国职业专科学院约50%的生源来自中职毕业生。我国部分地区应根据自身实际情况，积极尝试扩大农村职教对口招生比例。这既有利于中高等职业教育的有效衔接，又有利于拓宽农村中职生的深造路径，提高农村职业学校的吸引力，构建现代农村职业教育体系。

（2）建立不同层次农村职业学校之间的教育资源共享机制。由于历史的原因，农村职业学校总体数量不够，相对于城市职业院校而言，在软硬教育资源能力方面也相对欠缺。因此，不同层次职业院校之间，在教育资源能力和功能定位上也各有不同，不同层次农村职业院校之间应发挥各自的优势来补足各自的短板，从而实现教育资源利用的最大化。在这方面，高层次院校更应发挥其主动意识和积极作用。

3. 建立不同类型农村职业教育的效果机制

农村普通职业学校、农村成人职业学校、农村职业教育和培训机构等不同类型的职业教育机构，具有各自的功能定位和各自的资源优势，应做好不同类型职业教育之间的交融与合作，尤其是要建立农村职业学校教育和职业培训机构之间的深度、长期合作机制。相对于职业培训教育，农村职业学校在教育教学的软硬实力方面都要更强。而职业培训机构，在资金来源方面更加具有灵活性和多样性，办学机制更加灵活。因此，可通过有效合作，实现双方的优势互补，协同发展，从而形成更加健康可持续的农村职业教育体系。

第四章 农村职业教育现代化

4. 探索形成农村高等职业教育体系，形成农村中高等职业教育协调发展的机制

在农村地区积极试点发展专科以上学历层次的高等职业教育。农村地区主要以中等职业学校教育为主体，部分农村地区仍没有高等职业院校。因此，应该积极鼓励农村地区探索专科以上学历层次的农村职业教育。首先，可在条件较好的地区独立设置高等职业院校，实现农村职业教育体系初、中、高三级体系的完整性。其次，可以通过农村中职与城市高职合作办学的方式，开辟农村高等职业教育的探索试点工作。

5. 大力发展农村职业教育和培训事业，逐步建立能够满足终身教育需要的现代农村职业教育体系

相对于发展农村职业学校教育而言，致力发展农村职业教育和培训不仅更具可行性，而且更加具有时效性和针对性。相对而言，职业培训具有灵活性、针对性和成效性强的特点。首先，在功能定位和服务面向方面，不同于职业学校有相对稳定的专业，职业培训的服务面向更加灵活，可以随时根据市场的需求迅速做出调整。其次，在服务的时效性方面，职业培训能及时地根据农村经济社会需求迅速做出调整和反应，并以短、平、快的特点实现对接。最后，在办学机制方面，职业培训的办学机制更为灵活，能通过市场机制迅速地使培训项目、培训资源、培训实效实现对接。因此，要大力发展农村职业教育和培训教育。

一是要整合区域农村职业学历教育与农村职业教育和培训资源，形成职业学历教育与职业培训合力。首先，应积极扩大和强化劳动部门的作用，促进各类农村职业教育和培训迅猛发展；其次，将职业学历教育与职业培训有机整合，通过科学的证书体系设计，将学历教育与职业培训贯通，将技术技能证书与学历文凭证书对接；最后，农村职业学校应统筹规划与发展职业培训与职业学历教育，实现协同发展，将两块蛋糕同时做大、做好、做强。

二是发挥非政府组织在农村职业教育和培训体系构建中的作用。非政府组织是独立于政府和企业之外的非营利性组织，具有正规性、民间性、非营利性、自治性、志愿性和公益性等特征。职业培训专业（工种）涉及面广，单靠职业学校或者成人教育机构、社区教育中心还远远不够，而非政府组织能够较好地把脉劳动力市场的需要特点和动向，及时拓展培训市场进行人力资源的培训开发；同时，由于非政府组织具有"非营利性""志愿性"和"公益性"特点，往往更受社会欢迎。

三是发挥职业教育评估机构评价的导向作用。有关评估机构或者部门应将职业培训的规模与质量纳入国家级、省级示范职业学校的评价指标中，或其他各类考核或者评比指标中，以挖掘职业学校的培训潜力，规范职业培训市场，提升培训能力，提高职业培训的实效性。

6. 建立企业深度参与现代农村职业教育办学机制

培养面向农村的实用性技术技能型人才更加需要涉农企业、现代农场、农村新兴经济体等经济实体对职业教育的深度介入。农村职业教育是一种典型的面向"三农"问题的教育，从其功能定位来看，主要是为农村经济、农业领域、现代职业农民提供教育服务，旨在通过提升农村人口职业素养实现为"三农"服务的价值。无论是职业学校教育，还是职业培训，在教育目标确立、教育内容选择方面都是基于"实用"价值取向。而在教育教学过程中，农村职业教育机构则需要面向农村社会开放，通过下田地、进企业、进基地、进农场等现场教学组织形式，才能实现"实用"技能目标。

将涉农企业、现代农场、农村新兴经济体等的职业教育与培训纳入现代职业教育体系建设的范畴，使企业自办培训与参与职业培训工作成为现代农村职业教育体系构建的重要内容。首先，在观念上，让农村相关经济实体了解参与职业教育和培训的重要性，并认识到参与职业教育和培训是其责任和义务，使其逐渐融入职业教育体系，使职业教育与培训成为其自觉行为。其次，应积极构建一个政府、行业或企业与学校三方全新的发展职业教育的合作机制，通过相关法律法规以及创建激励机制，从政策导向上真正调动企业全面参与职业教育的积极性，让"学校学习"与"职场训练"紧密结合，使职业教育与培训由对涉农企业的"强制性"行为逐步成为企业的自觉行为，形成企业积极参与职业教育与培训的"习惯"与"传统"。同时，还应制定相关法律制度，具体规定职业教育与培训各合作主体、参与主体的权利和义务。

7. 建立有助于现代农村职业教育发展的服务支撑体系

在农村职业教育发展和现代农村职业教育体系建设的过程中，必须强化政府的主体领导责任和主体投入机制。无论是基于"农村服务城市"的历史原因，抑或是农村经济社会发展在我国经济社会发展中的弱势地位和弱势现状，都需要政府在农村发展中发挥出"主体责任"，体现出"主体作用"。因此，应在国家和地方政府层面建立相应层级的农村职业教育事业发展体系和体系建设的相关领导机构。这种领导机构应由政府、行业（企业）、社会组织和教育机构代表等共同组成，分别负责整体设计和统筹规划国家和区域现代农村职业教育体系的构建与发展。

在宏观层面，政府必须基于各个农村区域的实际，统筹建立一个在功能结构、层次结构、类型结构等与之相适应的现代农村职业教育体系，并通过相关配套制度和经费保障的方式将其贯彻落实。在中观层面，应做好各政府职能部门的力量和资源统筹工作，并基于各农村地区的实际，兴办职业学校和职业培训机构，从而构建一个能满足农村区域发展需要的农村职业教育办学实体。在微观层面，要加强对各职业教育机构的调研，组织力量指导各职业教育机构的具体发展，协调好不同层次、不同类型职业教育机构之间的关系，实现该地区职业教育系统的协同发展。

第二节　建立健全现代农村职业学校制度

建立和完善现代职业学校制度是发展现代职业教育的必然要求。进入21世纪以来，国家不断从宏观战略层面对现代职业学校制度建设进行布局并提出明确要求。2004年国务院批转的《2003—2007年教育振兴行动计划》提出，深化学校内部管理体制改革，探索建立现代学校制度。这是我国官方文件首次提出现代学校制度这一概念。2010年，《国家中长期教育改革与发展规划纲要（2010—2020年）》明确提出，要逐步建设现代学校制度，推进政校分开、管办分离，落实和扩大学校办学自主权。2012年，为进一步落实《国家中长期教育改革与发展规划纲要（2010—2020年）》提出的建立现代学校制度精神及要求，教育部又出台了《依法治校——建设现代学校制度实施纲要（征求意见稿）》，进一步指出了现代学校制度的实施路径。职业院校要依法制定体现职业教育特色的章程和制度，完善治理结构，提升治理能力。

现代职业学校制度涉及职业学校举办的制度、政府管理职业学校的制度以及职业学校内部治理的制度等不同层面，涉及招生、培养过程、评价监督、学生管理、教师管理、校企合作等全方位的制度安排。建立现代职业学校制度，是在当前时代背景下，推进职业学校管理制度的现代化进程，是教育现代化进程中的必然要求。

一、现代农村职业学校制度的内涵与意义

(一) 现代农村职业学校制度的内涵解读

1. 制度与教育制度

"制度"一词在社会学、政治学、管理学和教育学中的界定均有不同,其在《辞海》(缩印本)中有如下含义:要求成员共同遵守的、按一定程序办事的规程;一定历史条件下形成的政治、经济、文化等方面的体系;政治上的规模法度。美国经济学家、历史学家、诺贝尔奖获得者诺斯认为,所谓制度是一种社会的游戏规则,是人们设定用来约束人们行为互动的规则。也有学者认为,制度是由当时社会上通行或被社会所采纳的习惯、道德、戒律、法律、规章等构成的一组约束个人社会行为因而调节人与人之间社会关系的规则,是调节人与人之间利益关系的一种社会机制。

系统梳理较有影响的制度的定义,大致可以分为三种:一是规则、规范说,即制度是一种社会规范的行为;二是结构、体系说,即制度是社会生活中实际存在的一种建制结构的综合体;三是行为方式、生活方式说,即制度是一种共同体的生活方式。在此基础上,也有学者给出综合性的制度定义,即制度不仅是规则、共识,还是相对稳定的行为方式和结构状态,制度是由规则、信念、规范和组织构成的系统等。

制度可以分为正式制度和非正式制度两种。正式制度也称正式规则、正式约束,包括政治规则、经济规则和契约,以及由这一系列规则构成一种等级结构,从宪法到成文法到不成文法,到特殊的细则,最后到个别契约,它们共同约束着人们的行为。非正式制度也称非正式约束、非制度化规则,是社会共同认可的、不成文的行为规范,主要包括价值信念、伦理规范、道德观念、风俗习惯、意识形态等因素,在正式制度无法定义的场合规范着人们的行为。从起源看,制度还可分为内在制度和外在制度;从实践看,也存在宏观制度和微观制度。

正如教育系统是整个社会系统中的一种,教育制度也是众多制度中的一种类型。顾明远主编的《教育大辞典》认为,教育制度是"一个国家各种教育机构的体系。包括学校教育制度(即学制)和管理学校的教育行政机构体系。教育制度是一定社会历史阶段的产物,受一定社会的政治、经济、文化的影响和学生身心发展特点的制约。有的国家把教育制度看作按国家性质确立的教育目的、方针和设施的总称"。

一般而言，教育制度是指国家各级各类教育机构与组织的体系及其管理规则。包括相互联系的两个基本方面：一是各级各类教育机构与组织的体系；二是教育机构与组织体系赖以生存和运行的整套规则，如各种各样的教育法律、规则、条例等。

2. 现代农村职业学校制度

所谓的"现代"农村职业学校制度，不只是对应于"传统"职业学校制度的时间概念，"现代"也是一个价值观判断的词语，对应的内涵至少包括"好的""理想的""进步的""适应的"等积极要义。"好的""理想的""进步的""适应的"相互关联、相互交叉，但侧重点各有不同。现代的职业学校制度应凸显科学、有效、灵活、符合社会道德规范等要义，更要凸显人文关怀、人性设计，同时要适应所处时代、所在区域、管理体制、文化背景等方面的实际。

如果说教育制度是对整个教育系统（包括不同层次、不同类型、不同形态的教育）的体系和规则进行设计和规定的话，那么，农村职业学校制度则只针对农村职业学校、政府管理农村职业学校、农村职业学校的内部治理进行制度方面的设计和安排。

目前，关于现代学校制度的研究成果较多，对于现代学校制度的概念界定也有很多，下面仅列举几例。

2012年，中国教育科学研究院孟照海先生在回答网友关于"什么是现代学校制度"这个话题时，认为通常所提的学校制度是指国家各级各类教育的制度安排，它规定了各级各类学校的性质、任务、培养目标、入学条件、修业年限、管理体制以及学校之间的关系，属"宏观"的学校制度。

李继星（2003）认为，现代学校制度指的是在新的社会背景下，能够适应市场经济发展和建设学习型社会的基本要求，以学校法人制度和新型的政、校关系为基础，举办者产权与学校日常管理权基本分离，学校依法自主管理，由教育管理行家负责学校日常管理，教职工依法民主参与，学校与社区中的各种组织及家长密切合作，指导和约束学校可持续发展的一套完整的制度体系。[①]

徐桂庭（2014）认为，现代职业学校制度具体包括体现政府与职业学校的权利、义务和责任划分的教育法律、法规，体现学校自主发展的教育规则和校内各种管理制度与体制机制，以及针对职业教育参与主体如政府、职业学校、家长与学生、市场、社会、行业企业在共同参与职业教育活动过程中所应该共

---

① 李继星. 现代学校制度初论[J]. 教育研究，2003（12）:4.

同遵守的基本规则。鉴于职业教育是一种跨界的教育类型,因此在进行现代职业学校制度设计时,除考虑教育系统内部不同类型、不同层次教育的相互关系与建制(如中等职业教育与高等职业教育衔接、中等职业教育与初中职业意识渗透、职业教育与普通教育融通)外,还必须考虑职业教育与国家产业结构,调整人才需求对接,职业教育与企业人才培养质量标准、规格匹配对接,职业教育与社会发展需求的人力资源开发对接,职业教育与人的全面可持续发展需求对接,职业教育与培训、终身教育学习需求的对接等方面的内容。

陈衍(2015)认为,现代职业学校制度,是在现代背景下,优化中高等职业学校内外部治理的系统规范与程序。它涉及职业学校举办的制度、政府管理职业学校的体制以及职业学校内部的治理结构等。①

张淼(2015)认为,现代职业学校制度就是职业学校在社会现代化进程中,为了协调各种职业学校办学及教育教学中利益主体之间的关系而制定的一系列的规范体系。它应是对职业学校办学及教育教学活动中的特殊主体间行为进行的规范,不同于中小学现代学校制度、现代大学制度,但与二者共同构成我国现代学校制度体系。②

从以上种种对现代学校制度的阐述可以看出,学校教育制度这一概念的内涵、外延和边界认识各不相同。有的从宏观层面进行整体把握,将学校制度理解为宏观的学校教育制度(学制);有的从中微观层面进行理解,认为学校制度是一种协调各学校教育相关利益者的规范和约束。有的侧重于国家对学校教育的整体要求和外部调控,有的则侧重于学校相关利益主体间的利益协调,有的则侧重于学校的内部管理和治理。

由于看待问题视角以及对制度功能的理解各不相同,不同的学者或专家对现代职业学校制度这个概念的内涵理解难以完全达成共识。但这种认识上的偏差,势必会影响到实际工作中现代职业学校制度在学校教育体系中功能的准确定位和功能发挥。因此,有必要理清现代职业学校制度概念的内涵、外延与边界。

综合来看,现代职业学校制度是对职业学校教育的办学机制、利益主体、过程管理以及办学质量等各方面行为进行调控的相关规则和规范。在纵向层次

---

① 徐桂庭.关于现代职业学校制度建设的若干思考[J].中国职业技术教育,2014(30):53-26.

② 张淼.现代职业学校制度的内涵、特征、体系——基于利益主体关系的分析[J].职教论坛,2015(13):13-16.

上，现代职业学校制度包括宏观、中观、微观三个层次，宏观层面主要侧重于国家及政府对职业学校的办学体制、办学行为（宏观）、质量监控与评价等方面进行宏观调控；中观层面主要侧重于地方政府对各职业学校办学形式、利益主体、办学过程（中观）、质量监控与评价等方面进行控制的规范和规则；微观层面则主要侧重于职业学校的内部治理的规范和规则。在横向类别方面，从现代职业学校制度发挥功能的视角而言，职业学校的所有工作都应有相应的制度进行合理约束和规范。

（二）建立现代农村职业学校制度的意义

建立现代农村职业学校制度体系，对于现代农村职业教育的发展来说具有非常重要的价值和意义。好的制度体系，不仅能很好地促进职业学校的各方面工作的规范性，而且能有效提升其各方面工作的科学性和实效性。

1.是推进农村职业教育现代化的内在需要

首先，现代农村职业学校制度本身是农村职业教育现代化的重要建设内容。制度文明本身是教育文明的重要内容和体现，制度的现代化进程也是教育的现代化进程。其次，建立现代农村职业学校制度，也是推进农村职业教育现代化的重要抓手。农村职业教育的现代化进程，需要形成"软硬兼施""多管齐下""齐心协力""内外兼治"的局面，这就需要现代农村职业学校制度作为保障，而且现代农村职业学校制度的建设要坚持"两手都要抓、两手都要硬""多点开花""合作共赢""内外结合"。

2.是激发现代农村职业学校办学活力的内生需要

首先，从体制机制方面激发办学活力。通过构建科学、高效的现代农村职业学校制度体系，通过深化改革不断健全和完善与社会主义现代化建设要求相适应的教育体制机制，从根本上扫除制约教育发展的体制性障碍、提升教育资源的利用效益、优化教育结构、增强农村职业学校依法自主办学的能力、完善农村职业学校内部治理制度等方面，从而激发农村职业学校自身的办学活力。

其次，从制度上激发办学利益主体的办学动力。相对于基础教育和高等教育而言，农村职业教育与社会经济发展的关系更为密切，涉及的相关利益者（办学主体）也更多元。相关利益者的办学热情和动力会直接决定现代农村职业学校的办学成效，而利益主体的办学动力需要现代职业学校制度得到保障和持续。有了科学合理的制度，则会尽可能地避免"内耗""搭便车""功能离散"等负面效应，尽可能地实现"齐心协力""各尽其责""集聚效应"等局面。

3.是凸显农村职业教育"育人中心"的现实需要

现代农村职业学校制度的现代性对应的内涵包括"好的""理想的""进步的""适应的"等方面要义。现代化的职业学校制度将"育人"作为自身的本质规定,更加重视教师的教和学生的学,并以此作为构建整个学校制度的法则。在现代学校制度的框架下,所有的规则体系都是围绕更好地促进学生发展来构建的,从而更加凸显了教育的独立性和学校的自主性。正如当初梅兰芳剧团的所有工作都是为了让梅兰芳唱好戏一样,现代学校制度也是为了促进教师更好地教和学生更好地学。因此,现代学校制度主要是为学生更好的发展搭好舞台,系统构建学校教育的核心制度和外围制度。

4.是营造农村职业教育良好发展环境的迫切需要

从文化学的视角来看,现代农村职业学校制度能较好地营造发展所需的软环境。现代农村职业学校制度可以减少环境的不确定性和人们行为的不可预期性,促使个人或团体之间易于产生信任、易于协调,从而为人们提供较为固定的预期。好的制度能给人们以心理上的舒适感和安全感,使人们感到自己属于一个有序的、文明的共同体。制度创造着诱发归属感的多种纽带,这种归属感是令人满意的。相对稳定、具有高认可度的现代职业学校制度能在不同范围、程度和层次上成为人们共同接受和认可的做法,产生共鸣,形成向心力,从而形成有利于职业学校发展的文化"软环境"。

二、现代农村职业学校制度的特征

对现有研究成果进行归纳总结,可以发现现代职业学校制度具有法制化、规范化、相对稳定性、民主化、人本化、市场化等一些基本特征。农村职业学校制度不仅具有上述特征,还包括如下一些特征。

(一)区域性

所谓区域性特征是指现代农村职业学校制度应因地制宜,与农村区域经济社会发展水平相适应,从而更好地约束、规范和激励各农村职业学校的办学和教育行为,促进该区域农村职业学校的建设和发展。

首先,从制度的产生与缘起这个视角来看,现代农村职业学校制度必然体现区域性特征。从层次方面而言,学校制度分为宏观、中观和微观三个层面。一般而言,国家会从宏观层面对职业学校制度进行顶层设计,往往是针对职业学校运行的基本原则、根本性要求对职业学校运行进行宏观规定。而中观、微观层面的学校制度则会更多地基于本地区、本校的实际工作要求,构建符合本地或本校实际工作需要的职业学校体系,尤其是针对具体的职业学校办学行为的相关制度,则更加符合本校的特定情况。

其次,从制度的功能价值来看,现代职业学校制度必然要打上区域烙印。从现代农村职业学校制度存在的实体价值层面而言,其本身就是为了约束或者规范农村职业学校的办学行为,许多学校制度是因职业学校在发展过程中遇到的实际问题和矛盾而产生的。在不同区域的农村职业学校,鉴于不同区域的环境差异,其在发展过程中遇到的问题和矛盾必然不同,则产生的学校制度也必然不同,带有区域特色。

最后,从制度适应性和实效性这个视角而言,现代农村职业学校制度必然要体现和适应特定区域环境,体现出区域性特征。职业学校的办学和管理行为是在特定的环境中进行的,也必然会受到特定经济社会环境的影响。不同国家和地区在社会经济发展水平、文化背景、生活习俗、价值观念、道德标准和水准等方面存在较大差异,即便是同一个国家的不同区域在上述方面也会存在较大差异。这就意味着现代职业学校制度建设必须适应特定区域环境,只有如此,现代职业学校制度才能得到真正的落实,实效性才能得到体现。

(二)时代性

首先,现代农村职业学校制度是时代发展的产物。在原始社会,由于深受极度落后的生产力发展水平所限,教育与生产劳动和社会生活融为一体,学校也还未出现,学校教育制度的建设自然更是无从谈起。在奴隶社会时期,为了维护奴隶制、私有制并巩固奴隶主政权,迫切需要专门的教育机构来培养奴隶社会的继承者及为其服务的知识分子,原始学校开始萌芽。伴随着工业革命的产生,以蒸汽机为代表的机器化大生产逐步取代原来的手工业生产,工厂化大生产取代了原来的小作坊生产模式,需要大量掌握一定文化基础知识并懂得特定生产技术的大批量劳动者,学校形态的职业教育机构开始出现。为适应专门的职业学校管理和发展需要,职业学校制度开始产生。进入21世纪,人们对高质量教育的需求日益增强,教育现代化和民主化进程的加快,各学校之间越来越激烈的竞争,使现代农村职业学校的发展迫切需要现代职业学校制度作为支撑。

其次,现代农村职业学校制度必然体现特定时代的内容。一方面,从宏观层面而言,不同时代国家的经济管理体制不一样,则现代农村职业学校的制度必然不同。在不同时代,国家所处的时代任务和战略重心会发生转移,农村职业教育的战略任务和地位也会有所差异,涉及的农村职业学校制度也必然不同。例如,党的十八大提出农村"四化同步"战略,即新型工业化、新型城镇化、农业现代化和信息化同步发展,在这种新的时代背景下,现代农村职业学校的使命和任务必然会不同。同样,在在返乡创业农民工培养过程中、在职业农民培育进程中等,现代农村职业学校的相应重点目标和任务的战略定位、对办学利益主体的约束、对教育教学内容和形式的规定、对教育教学资源的配置等方面都会表现出在制度配置上的不同,从而体现出鲜明的时代性特征。另一方面,在不同的时代,制度在职业学校发展的不同阶段发挥的作用不同,制度的内容侧重点也会呈现一个由宏观布局到中观调控,再到微观治理的转化过程。从微观治理层面而言,农村职业学校在不同的发展阶段,其发展水平、发展目标、面临问题和矛盾等方面必然不同,这不仅需要有新的相关制度制定出台,而且对原来的相关制度也必然会更新和修订。

(三)系统性

现代农村职业学校属于职业教育系统的一个子系统,而且是一个具有相对独立性的完整系统。如上所述,现代农村职业学校制度在农村职业学校系统的正常运行、功能发挥、目标实现、可持续发展过程中,具有基础性的保障作用。

现代农村职业学校系统的健康运行,客观上需要该系统中各组成部分的工作正常进行。而各个部分功能的正常发挥,需要一个层次清晰、内容全面的现代农村职业学校制度体系来加以保障。从办学主体(相关利益者)到运行主体(教师和学生),从办学目标的确立到人才培养方案的制定,从理论教学到实践教学,从教学运行管理到教学质量监控,从行政管理部门到教学辅助部门等各个方面,都需要相应的制度体系来进行有效的约束和规定,唯有如此,职业学校系统才能正常运转,系统目标才能得以有效实现。

(四)融合性

功能整合是健康的农村职业学校系统的主要标志,也是任何一个系统所追求的目标。相对于其他类型的学校系统而言,现代农村职业学校具有其自身特点。一是利益主体具有多元性。现代的农村职业学校既可以是公办,也可以是民办;既可以是集体办学,也可以是个人投资办学;既可以是农村企业办学,也可以是行业协会或社会组织办学。这就决定了现代农村职业教育的利益主体是多元化的。二是功能目标具有多样性。在我国实现全面小康战略布局中,在职业农民及返乡创业农民工培育过程中，都离不开现代农村职业学校的主战场作用。在这些战略任务同时并存的今天，现代农村职业学校办学的目标功能必然体现出多元化特点。三是培养内容和形式具有丰富性。现代农村职业学校的多样化功能决定了教育内容和教学形式的复杂性。

现代农村职业学校的这些特征体现了该系统构成要素和影响因子的多样化和复杂化，导致系统目标（人才培养）实现难度加大。这不仅要求有层次更加分明、内容更加全面的制度体系，而且本制度体系中各类制度在设计的过程中需要做到"你中有我、我中有你"，从而实现相关制度之间的相互支撑、相互融合、相互印证，实现系统目标和功能的整合，避免矛盾、内耗、功能离散，从而更好地实现农村职业学校的总体目标。

三、现代农村职业学校制度体系构建的理念与策略

现代农村职业学校的运行与发展离不开制度保障。基于对现代农村职业学校及其制度特征的分析，现代农村职业学校制度体系的构建必然要基于现代农村职业学校的实际和特殊性。既要考虑到制度制定的系统性和科学性，也要考虑到制度执行的实效性；既要考虑到制度内容的完整性，也要考虑到制度体系的融合性。这就要求在制度体系构建的过程中，既要遵循正确的理念，也要寻求适合的路径与策略。

（一）顶天立地、纵横交错——强化现代农村职业学校制度的系统建构

相对于其他类型的教育而言，现代农村职业学校在利益主体、办学目标与任务、教育教学的内容和形式、办学资源及办学场所等诸多方面都表现出复杂多样的特点。现代农村职业学校在实现职业农民及返乡创业农民工培育等一系列工作中，都具有非常重要的战略作用。功能和任务的多样性决定了现代农村职业学校办学的利益主体更加丰富多元。这就要求在制定现代农村职业学校制度体系的时候，要基于"顶天立地、纵横交错"的理念来进行合理设计。一方面，国家和政府在制定宏观、中观层面的制度时，要深入基层开展调研，基于各地各校的发展水平、发展阶段、规模、现实困难、突出问题等实际情况和特点，进行基于实际的总体判断，并基于实际制定能够"立地"的制度。这不仅有利于提升制度的针对性和有效性，也利于制度最终的"落地生根"。另一方面，各学校（学校各部门）在制定微观治理层面的制度时，也要结合国家和政府对本校（本部门）的功能定位和战略布局对上位制度进行研究。这样，不仅

可以提升制度执行的"力度",而且可以有效提升"效度",避免与上位制度矛盾与冲突。

在纵向和横向两个维度上,要实现制度制定和实施过程中的衔接沟通。纵横交错是指在纵向维度方面,国家、各级政府以及学校不同层面的制度需要保持一致和合理衔接,使不同层级在政策制定的过程中,都能吸取不同层面制度制定主体的意见和建议。在横向维度上,在制度制定过程中,要注意征求和吸纳校内与校外、内行与外行、门内与门外的意见和建议,同时要了解校内外相关部门的制度内容,避免矛盾与冲突,提升制度体系的合理性与融合性。如上所述,现代农村职业学校在诸多方面具有复杂多样的特点,尤其表现在办学相关利益主体多元方面。这就要求在现代农村职业学校的制度构建过程中,要充分考虑到各利益方的利益点,也要对其进行有效约束和规定,寻找合适的契合点,寻求稳定可持续的契约内容,保持制度体系的稳定性和有效性。

(二)系统建构、分步推进——促成现代农村职业学校制度的内容完整

结构决定功能。现代农村职业学校的内容完整性会直接影响到现代农村职业学校事业发展的成效。要实现制度内容的完整性,就有必要通过纵向梳理和横向切面的立体化设计框架,真正促成现代农村职业学校制度内容的完整性。另外,要结合现代农村职业学校的实际情况,基于分步推进原则,按照有计划、分步骤、重点推进的方式优先设计重点制度,逐步实现现代农村职业学校制度的全面性。

首先,系统构建制度框架,保证制度的完整性。一方面,从纵向层面而言,各层级的制度设计既要相对独立、相对完整,也要相互印证、相互呼应。从设计路径层面而言,可以按照宏观—中观—微观以及国家—地方政府—学校—部门的路径,逐层设计、分层推进。当然,制度设计路径也可能是按照由下而上的路线进行。事实上,不同层面制度的目标任务、具体内容、约束对象等方面相差较大。一般而言,会按照从上到下、从宏观到微观的方式使现代农村职业学校制度越来越全面、越来越具体。另一方面,从横向层面而言,现代农村职业学校的制度设计需要基于现代农村职业学校的办学实际,进行全方面设计。以学校层面的制度为例,现代农村职业学校制度设计至少要包括学校章程与规划类、合作办学类、教学管理类、学生管理类、人事管理类、财务管理类、资源建设类、后勤保障类等方面,并对其进行截面解剖。

其次,基于由点到面、点面结合、分步推进的原则,实现制度的完整性。如上所述,现代职业学校在制度制定之初,必须基于系统全面的原则,整体设

计、照顾完整性。但在实际的工作中，则要按照重点先行、紧要先行的原则，按计划、分阶段逐步制定与实施。事实上，很多制度都是在具体的情况、问题、矛盾情境中产生的需求"点"中产生的，但这些需求"点"有紧急、重要程度之分，需要遵循分步推进、由点到面的实践路径。

（三）目标导向、互利共生——实现现代农村职业学校制度的功能整合

首先，目标趋同是实现现代农村职业学校制度功能整合效应的基础。实际中，在同一所学校，可能会出现相互矛盾的制度或政策，导致这种现象的原因可能是多方面的，如"上下不通、左右不联"等问题，但更多的时候是由于不同制度的价值目标不同而导致的。因此，目标趋同是避免同一个系统中出现相互矛盾冲突制度的前提和基础。学校教育系统的核心目标是育人，要让不同层面、不同利益主体在制度设计时都将人的培养作为利益实现的根本，并基于人的培养来思考问题，使所有制度都围绕这一目标的实现来设计，能有效规避根本性的矛盾和冲突。

其次，互利共生是实现现代农村职业学校制度功能整合效应的关键。目标趋同是实现现代职业学校制度功能整合效应的基础，但要高效地实现制度体系的功能整合效应，还必须在制度设计的具体内容方面寻求互利，从而追求共生，让相关制度间产生集聚效应，实现"1+1>2"的功能。

（四）利益驱动、契约精神——提升现代农村职业学校制度的执行效益

从经济学、管理学、系统论等学科理论视角来看，任何制度的产生都是基于一定的利益诉求。制度的本质是对相关利益主体的一种约束和规范。从外部来看，现代农村职业学校的利益相关者涉及国家及政府管理层面、涉农企业、相关个人、行业协会等；从内部来看，涉及教师、学生、管理及教辅人员等。如果从制度的执行效果来倒推制度的制定过程的话，相关利益者的民主参与并达成共识是提升制度执行效益的根本。

首先，在现代农村职业学校制度制定过程中，利益相关主体的参与机制是提升制度执行有效性的前提。在现代农村职业学校制度的制定过程中，要尽可能吸引相关利益方积极参与，开展广泛深入的调研，尽可能地让相关利益主体民主表达，多方取智，集思广益，这是提升制度的科学性和可操作性的基础。其次，要在民主征集意见的基础上，尽量平衡各方利益，并让利益各方就制度达成一致。只有如此，才能真正提升制度的执行力度和实效性。

第三节 建立科学的农村职业教育治理体系

构建治理体系与提升治理能力,是推进我国农村职业教育健康持续、更好更快发展的需要,也是进一步提升我国农村职业教育吸引力和实效性的重要举措。构建科学的农村职业教育的治理体系和提升农村职业教育治理能力两个方面相互关联。一方面,科学高效的治理体系是提升农村职业教育治理能力的基础和前提。科学的治理体系有助于发挥农村职业教育相关利益者的主体作用,激发治理体系的正向积极功能,以促进农村职业教育的健康发展。另一方面,治理能力提升后的功能信息将会反作用于治理体系,为治理体系结构的调整与改善提供依据,反向作用于农村职业教育的治理体系——科学的农村职业教育治理体系的构建,是科学治理的前提和基础。

一、教育治理理论的源起与发展

(一) 治理理论在西方社会的产生

20世纪90年代以来,有关治理的著述大量涌现,治理理论被迅速应用于社会经济、公共管理、国际关系等各个领域,成为各领域研究中的理论新宠。治理理论认为,很多社会问题已经不再是只能靠政府自身的管制就能解决得了的,社会事务的管理需要政府的力量,但是又不限于政府,而应该包含更多的社会公共机构和公共服务组织。治理理论源于其很好地适应了特定的时代背景,"治理理论和实践不仅被西方发达国家所推崇,且被世界银行、经济合作与发展组织、联合国教科文组织、联合国开发计划署等国际组织系统总结并向发展中国家推广"。

治理的兴起主要源于政府管理和市场机制的"双重失灵"。一方面,源于西方国家出现的政府管理危机。第二次世界大战后,西方一些国家的政府被视为"超级保姆"——职能扩张、机构臃肿、服务低劣、效率低下,财政危机遍布各国,社会分裂和文化分裂同时出现。在这样的背景下,治理作为一种既重视发挥政府的功能,又重视社会组织群体势力相互合作、共同管理的方式和理念登上了历史舞台。另一方面,与市场和调节机制发生危机有关。市场机制在发展和提高资源配置效率方面显示出巨大的优越性的同时,也会产生分配不计、照顾完整性。但在实际的工作中，则要按照重点先行、紧要先行的原则，按计划、分阶段逐步制定与实施。事实上，很多制度都是在具体的情况、问题、矛盾情境中产生的需求"点"中产生的，但这些需求"点"有紧急、重要程度之分，需要遵循分步推进、由点到面的实践路径。

（三）目标导向、互利共生——实现现代农村职业学校制度的功能整合

首先，目标趋同是实现现代农村职业学校制度功能整合效应的基础。实际中，在同一所学校，可能会出现相互矛盾的制度或政策，导致这种现象的原因可能是多方面的，如"上下不通、左右不联"等问题，但更多的时候是由于不同制度的价值目标不同而导致的。因此，目标趋同是避免同一个系统中出现相互矛盾冲突制度的前提和基础。学校教育系统的核心目标是育人，要让不同层面、不同利益主体在制度设计时都将人的培养作为利益实现的根本，并基于人的培养来思考问题，使所有制度都围绕这一目标的实现来设计，能有效规避根本性的矛盾和冲突。

其次，互利共生是实现现代农村职业学校制度功能整合效应的关键。目标趋同是实现现代职业学校制度功能整合效应的基础，但要高效地实现制度体系的功能整合效应，还必须在制度设计的具体内容方面寻求互利，从而追求共生，让相关制度间产生集聚效应，实现"1+1>2"的功能。

（四）利益驱动、契约精神——提升现代农村职业学校制度的执行效益

从经济学、管理学、系统论等学科理论视角来看，任何制度的产生都是基于一定的利益诉求。制度的本质是对相关利益主体的一种约束和规范。从外部来看，现代农村职业学校的利益相关者涉及国家及政府管理层面、涉农企业、相关个人、行业协会等；从内部来看，涉及教师、学生、管理及教辅人员等。如果从制度的执行效果来倒推制度的制定过程的话，相关利益者的民主参与并达成共识是提升制度执行效益的根本。

首先，在现代农村职业学校制度制定过程中，利益相关主体的参与机制是提升制度执行有效性的前提。在现代农村职业学校制度的制定过程中，要尽可能吸引相关利益方积极参与，开展广泛深入的调研，尽可能地让相关利益主体民主表达，多方取智，集思广益，这是提升制度的科学性和可操作性的基础。其次，要在民主征集意见的基础上，尽量平衡各方利益，并让利益各方就制度达成一致。只有如此，才能真正提升制度的执行力度和实效性。

第三节 建立科学的农村职业教育治理体系

构建治理体系与提升治理能力,是推进我国农村职业教育健康持续、更好更快发展的需要,也是进一步提升我国农村职业教育吸引力和实效性的重要举措。构建科学的农村职业教育的治理体系和提升农村职业教育治理能力两个方面相互关联。一方面,科学高效的治理体系是提升农村职业教育治理能力的基础和前提。科学的治理体系有助于发挥农村职业教育相关利益者的主体作用,激发治理体系的正向积极功能,以促进农村职业教育的健康发展。另一方面,治理能力提升后的功能信息将会反作用于治理体系,为治理体系结构的调整与改善提供依据,反向作用于农村职业教育的治理体系——科学的农村职业教育治理体系的构建,是科学治理的前提和基础。

一、教育治理理论的源起与发展

(一)治理理论在西方社会的产生

20世纪90年代以来,有关治理的著述大量涌现,治理理论被迅速应用于社会经济、公共管理、国际关系等各个领域,成为各领域研究中的理论新宠。治理理论认为,很多社会问题已经不再是只能靠政府自身的管制就能解决得了的,社会事务的管理需要政府的力量,但是又不限于政府,而应该包含更多的社会公共机构和公共服务组织。治理理论源于其很好地适应了特定的时代背景,"治理理论和实践不仅被西方发达国家所推崇,且被世界银行、经济合作与发展组织、联合国教科文组织、联合国开发计划署等国际组织系统总结并向发展中国家推广"。

治理的兴起主要源于政府管理和市场机制的"双重失灵"。一方面,源于西方国家出现的政府管理危机。第二次世界大战后,西方一些国家的政府被视为"超级保姆"——职能扩张、机构臃肿、服务低劣、效率低下,财政危机遍布各国,社会分裂和文化分裂同时出现。在这样的背景下,治理作为一种既重视发挥政府的功能,又重视社会组织群体势力相互合作、共同管理的方式和理念登上了历史舞台。另一方面,与市场和调节机制发生危机有关。市场机制在发展和提高资源配置效率方面显示出巨大的优越性的同时,也会产生分配不公、外部化、失业、市场垄断等失灵现象。因此，社会急需新的调节机制。这个新的调节机制就是治理机制。"单纯的市场手段和单纯的积极干预都不能实现对社会资源配置的高效率，治理就被认为是对付市场失灵和政府失灵的重要机制。"①

同时，西方国家近年来社会组织的迅速发展，则为多元治理提供了现实基础和资源能力。治理的核心就是多元共同参与管理和决策。治理的兴起是为了缓和日益复杂的社会事务与相对集中的公共权力之间的矛盾，治理试图重新配置公共权力，通过向社会组织、私营部门等开放权力的方式提高国家管理的弹性与韧性。治理理论的魅力不仅在于其将民主、参与、协商、分权、责任、人权、平等、合作等诸多美好的价值融入其中，而且在实践过程中展现出其相对于垂直统治的巨大灵活性，在一定程度上降低了国家管理的成本与风险。

教育治理作为国家治理的有机组成部分，必然会受到国家治理变革浪潮的影响。但教育本身所具有的特殊性，突出表现在公益性和私利性并存上，教育的社会公益性往往还具有隐蔽性和阶段性等特征。教育治理的发展绝不是简单地照搬其他领域的治理模式。从国际上看，教育中的政府单一管理与市场化改革带来的问题，即教育管理中政府和市场"双重失灵，是促使教育治理勃兴的现实原因"②。我国的教育管理和教育治理，也受到国际治理理论与实践的影响。

（二）教育治理理论在我国植根的现实土壤

进入21世纪以来，教育治理已经引起了我国学者的普遍关注和研究，这不仅是基于治理理论体系本身的科学性和合理性，也是解释及解决我国教育管理实践问题的现实诉求。

"西方发达社会的治理和教育治理，是建立在尽管政府发育（现代科层制）和市场发育（市场经济）都比较成熟却'双重失灵'的基础上的。"③中国的治理土壤显然不同于发达国家，教育治理的制度基础、目标设定、路径选择等与发达国家均有较大差异。因此，我国在扩大微观教育领域基层参与式民主的同时，还要致力于建设现代科层制政府、完善教育行政机构与职能，以及更好地规范市场并促进市场健康发育。改革开放以来，我国的教育取得了历史性成就，但我国教育促进人的发展及促进社会发展的能力亟待提升，教育管理改革

---

① 陈明明.治理现代化的中国意蕴[J].新华文摘，2014（13）：32-33.
② 褚宏启.我们需要什么样的现代学校制度[J].教育研究，2004（12）：32-38.
③ 褚宏启.教育治理：以共治求善治[J].教育研究，2014，35（10）:8.

势在必行，政府教育行政职能亟待转变。

在计划经济体制向市场经济体制转轨的过程中，政府的职能与角色应该如何重新定位，尤其是如何定位中国政府在教育管理中的角色，等等，都需要重新思考与研究。政府的绝对权力要向相对权力转化，教育治理主体也由政府单一主体向多元治理转化。政府不应该垄断对教育的管理权，应与社会、学校合理分权，只保留对教育事业发展起决定作用的重要事项的决策权和控制权，把原先独立承担的一些责任转移给社会和学校，变强势政府对学校的单边管理为政府、社区（家长）共同参与的多边管理和共同治理。因此，教育治理需以转变政府职能为突破口，以构建政府、学校、社会新型关系为核心内容，旨在形成政府宏观管理、学校自主办学、社会广泛参与的格局，以更好地调动中央政府和地方政府的积极性，激发学校的活力，发挥全社会的作用。

自改革开放以来，我国教育管理体制方面变化的主要特征是"分权"，在分权的背景下，地方政府获得更多管理、主办地方教育事务的权力，这就为地方政府进行自主教育治理模式变革提供了基础。同时因为社会结构的分化导致社会权力、利益结构多元化，不同群体为了自己群体教育利益最大化而进行的竞争愈来愈激烈，这也促使地方政府加快进行教育治理模式变革。自20世纪90年代以来，各级地方政府纷纷开展以制度创新与机构重组为特征的教育治理模式变革，不断地改革旧体制、机制，移植或模仿新的体制、机制。比如，山东省潍坊市建设服务型政府和新型政校关系的改革、福建省颁布中国首部地方终身教育法、浙江省湖州市长兴县教育券制度的"管办分离"改革，等等。

二、农村职业教育治理体系的内涵与特征

（一）农村职业教育治理的内涵

"治理"一词在政治学领域通常指国家治理，即政府如何运用国家权力（治权）来管理国家和人民。现在治理理论已被应用到经济学、管理学、教育学等多个学科的研究之中，在实践中已经被广泛应用于社会各个系统的管理之中。

在治理理论的大量学术文献中，最负盛名的是治理理论的主要创始人之一是罗西瑙，他将治理定义为一系列活动领域里的管理机制，这些管理机制虽未得到正式授权，却能有效发挥作用。联合国全球治理委员会（CGG）对治理的概念进行了界定，认为"治理"是指各种公共的或私人的个人和机构管理其共同事务的诸多方法的总和，是使相互冲突的或不同利益得以调和，并采取联合行动的持续过程，这既包括有权使人们服从的正式制度和规则，也包括各种人

们同意或符合其利益的非正式制度安排。

在我国,还有一些学者对治理给出了自己的解读。"治理是指市场在资源配置中起决定作用条件下,多元利益主体围绕共同目标协调互动的过程。""从社会学意义上说,所谓治理指的是在权力流散(权力结构多元化)背景下,公共权威为实现公共利益而进行的管理活动和管理过程。"①

通过上述对"治理"一词的解读,我们不难看出治理这一内涵的核心要素至少包括"目标(共同事物)导向""多元主体参与""市场化互动协商过程""强调正式制度(法规)与非正式制度(协商达成)的结合"等四个方面。

基于不同的学科视角和学术观点,人们关于教育治理的理解也不一样。北京师范大学褚宏启教授认为:"教育治理是指国家机关、社会组织、利益群体和公民个体,通过一定的制度安排进行合作互动,共同管理教育公共事务的过程,教育治理是共治主体依据规则开展的教育管理活动,涉及管理的多主体、多层级、多因素、多环节。"②

所谓教育治理就是指教育利益相关方在一定的制度框架范围内,通过互动协商的方式对教育问题进行民主管理的过程。农村职业教育治理的内涵界定可以依照上述理解路径来表述,即农村职业教育治理是指农村职业教育相关利益各方在有关农村职业教育法律法规框架范围内,通过互动协商的方式对农村职业教育发展问题进行民主管理的过程。

对农村职业教育治理内涵的准确理解与把握,需要注意以下几个关键点:

一是相关利益主体的多方参与是实现农村职业教育治理的必备条件。农村职业教育的利益相关主体包括各级政府、职业教育机构(学校或培训机构)、相关行业协会、社会相关组织、相关企事业单位(含企业举办的职业教育实体机构)、教师、学生。需要强调的是,科学的治理体系必然是相关利益主体的共同参与。

二是以共同事物作为核心内容来链接相关主体,但各主体利益目标可以"趋异"。共同事物(农村职业教育的发展)应成为参与各方的"目标"导向,成为共同参与的连接点,但参与各方的目标不一定是趋同(参与各方的利益目标不一定一致)。

---

① 庄西真."意识形态"视角下的地方政府教育治理模式改革[J].教育理论与实践,2009:23-26.
② 褚宏启.教育治理:以共治求善治[J].教育研究,2014(10):4-11.

三是农村职业教育治理的本质是利益各方通过民主、协商、达成契约的互动过程，其终极价值目标是促进农村职业教育更好、更快的发展。缺乏民主协商的工作机制和过程，治理则无从进行，也难以实现治理的价值目标。治理的本质是一种多方参与、民主协商的新型管理。

四是治理与管理不是对立关系。治理不能简单等同于管理，但是传统管理模式向现代管理模式的发展与超越，是管理科学化进程的一个阶段。治理的过程并非不要法律制度的规范和约束，而是在一定的法律制度的约束下，达成非正式制度（有利于事物更好发展的非制度性的规则和契约，这种规则和契约可能成为未来的正式制度内容）。

五是依法治理是农村职业教育实现科学治理的重要保障。民主协商、契约精神是农村职业教育治理的本质要求，体现这种本质要求的前提是依法治理。依法治理是现代教育治理的基础性要求，也是教育治理实现的现实基础。应以法治引导教育治理方向。法律对教育治理不仅可以"护航"，更能够为其"导航"。对教育治理的目标、方案、行动加以科学规范，能够使教育治理与创新得到法律强有效的保护。依法治理是完善农村职业教育内部治理结构、提高其管理水平与效益，办人民满意教育的迫切需要。

（二）农村职业教育治理体系的内涵

全面深化改革的总目标是完善和发展中国特色社会主义制度，推进国家治理体系和治理能力现代化。这是国家改革的总目标，也是各领域改革的总要求。教育改革作为全面深化改革的重要领域，一切改革的举措和行动，都要自觉围绕这一总目标、落实这一总要求，完善科学规范的教育治理体系，形成高水平的教育治理能力。

构建科学的教育治理体系和提升治理能力是"治理"的一体两面，紧密相关。构建科学治理体系是提升治理能力的基础和依赖，没有科学的治理体系就谈不上治理能力的提升。教育治理价值目标的实现，教育治理能力的提升，善治的达成，这些均有赖于教育治理体系的建构与完善。推进教育治理，关键是完善教育治理体系。可见，构建科学的治理体系是实现农村职业教育治理的核心内容。

所谓农村职业教育治理体系是指实现农村职业教育科学民主治理所涉及的实体要素和相关规则构成的复杂系统。这一系统既包括农村职业教育治理涉及的相关利益主体（含组织和个人）、治理环境（含保障体系）、治理对象和内容等，也包括一整套"协同治理"的工作规则和机制。

具体而言，农村职业教育治理体系的核心要素（子系统）至少包括治理的目标（为了什么而治理）、治理的主体（谁来治理）、治理的内容（治理什么）、治理的规则（如何治理）、治理的保障（靠什么实现治理）、治理的评价（治理效果如何）六个方面。这六个方面的内容相互关联，互成一体，组成了农村职业教育治理体系的核心要素。农村职业教育治理体系的构建主要是围绕这些要素展开。

（三）农村职业教育治理体系的特征

从对农村职业教育进行治理的结果来看，既可能出现理想的"善治"，也有可能出现"差治"。能否构建一个科学合理的治理体系，则会成为影响治理的结果和效度的基础性因素。一个科学合理的农村职业教育治理体系，应该具备如下基本特征。

1. 系统性特征

科学合理的治理体系应具有相对完整健全的结构体系。系统论强调结构和功能的统一，系统的功能取决于系统的结构。结构的完整性决定了系统功能的完整性。农村职业教育治理体系的结构是否完整，会影响治理目标的实现。

从农村职业教育治理体系的结构要素来看，观念、主体、内容、规则、保障、评价等基本结构要素中任何一个要素的缺失，都会直接影响治理体系目标的实现。农村职业教育治理结构的完整性只是治理目标实现的必要条件，治理目标的实现还要求各结构要素（各子系统）之间的协同配合。对任何一个要素的治理，都是一个系统的工程。

以提升职业教育吸引力的治理为例，其就是一个系统工程，需要从观念的转变、教育资源条件的投入、办学机制的治理、教育教学内容和方式方法等方面进行系统治理。首先，有些农民往往因为看不到农村职业教育在人力资源开发以及提升就业能力中的价值，改变他们的固有观念是农村职业教育治理的前提。其次，要提升农村职业教育的吸引力。要通过有效的资源治理机制，切实加大教育经费和资源的投入，彻底改变"在黑板上种田、在黑板上开机器"的现象。要加大教育教学方式方法的治理力度，探索合适的农村职业教育办学模式、教学组织形式和教学方法，让农村职业教育的功能和成效典型化、案例化。最后，要进一步丰富治理的规则机制，提升治理实效。总之，对任何一个环节和要素的治理，都需要对其他环节和要素进行系统治理。

2.开放性特征

相对于普通基础教育而言，农村职业教育与社会经济的联系更为紧密，功能定位更为多元，结构类型和办学资源路径更为多样，教育过程更为复杂，教育形式和方法更为丰富，参与结果评价的主体也更多，这些因素都决定了农村职业教育过程和农村职业教育治理过程具有开放性特征。

首先，在农村职业教育的功能定位与结构治理上需要坚持开放性。农村职业教育需要根据经济社会背景，调整自己的办学功能定位，需要根据区域经济社会的产业结构和农村人力资源需求，调整办学规模、专业结构、教学内容，从而有效提升适应度。

其次，在农村职业教育的教育过程治理中需要坚持开放办学思路。一方面，在教育资源的利用开发方面，必须坚持开放办学，充分利用当地的社会资源为农村职业教育服务。另一方面，在教育教学的过程中，可以走出校门、走出课堂，到田间地头、生产车间、现代农场等地方进行现场教学。

最后，在对农村职业教育的评价治理中也要坚持开放性。坚持将自我评价、教师评价、他人评价、社会评价相结合，坚持采用第三方评价等，从而提升评价的有效性。

3.多样性特征

多样性特征表现在以下三个方面：

首先，农村职业教育的多样性决定了治理体系的多样性。农村职业教育的办学类型多样，办学层次丰富，这决定了农村职业教育治理体系的多样性特征。从办学类别方面来看，农村职业教育既包括学历职业教育体系，也包括非学历职业教育体系；既包括学校形态的职业教育体系，也包括职业培训形态的职业教育体系；既包括政府层面举办的公立职业学校教育体系，也包括企业举办的职业教育体系，还包括社会组织以及个人主办的职业教育体系。从办学层次方面来看，农村职业教育体系包括初等职业教育体系、中等职业教育体系和高等职业教育体系。

其次，不同区域的治理体系不一致。不同区域农村职业教育的规模、结构、功能定位、教育过程、教育资源能力、办学主体资质、区域文化经济制度环境、教育质量监控等方面必然具有区域特色。同时，不同区域农村职业教育所碰到的具体问题也不同，这些都会导致农村职业教育治理目标、内容侧重点、治理环境、治理规则等方面存在差别。

最后，不同时代农村职业教育的治理体系不一致。一方面，从治理的内涵来看，农村职业教育治理是一个时代概念，虽然"治理"一词早已有之，但赋予"治理"一词新的内涵只有20余年历史，"治理"一词的内涵仍在不断丰富和发展。另一方面，从不同时代农村职业教育的特征来看，不同时代的教育思潮、教育理念、教育理论等方面都存在差异，再加上不同时代的农村职业教育，在经济社会中的功能定位、办学主体、教育资源、教育目标、教育内容、教育形式、教育手段等方面都必然有所不同，这就导致农村职业教育治理体系也必然烙上时代的印记。

三、科学农村职业教育治理体系构建的理论依据和基本策略

（一）理论依据

1. 利益相关者理论

1984年，弗里曼出版了《战略管理：利益相关者管理的分析方法》一书，明确提出了利益相关者管理理论。利益相关者管理理论是指企业的经营管理者为综合平衡各个利益相关者的利益要求而进行的管理活动。与传统的股东至上主义相比较，该理论认为任何一个公司的发展都离不开各利益相关者的投入或参与，企业追求的是利益相关者的整体利益，而不仅仅是某些主体的利益。利益相关者包括企业的股东、债权人、雇员、消费者、供应商等交易伙伴，也包括政府部门、本地居民、本地社区、媒体、环保主义等，甚至包括自然环境、人类后代等受到企业经营活动直接或间接影响的客体。这些利益相关者与企业的生存和发展密切相关，他们有的分担了企业的经营风险，有的为企业的经营活动付出了代价，有的对企业进行监督和制约，企业的经营决策必须考虑他们的利益或接受他们的约束。从这个意义上讲，企业是一种智力和管理专业化投资的制度安排，企业的生存和发展依赖于企业对各利益相关者利益要求的回应的质量，而不仅仅取决于股东。

目前，相关利益者理论已经被广泛应用于社会经济管理的方方面面。农村职业教育的发展会涉及众多利益相关者，如政府（社会公众利益、解决经济发展和民生幸福等）、职业教育机构、教师、学生、企业（投资者利益、人才红利）、相关行业协会、社会组织。治理的本质是相关利益者共同参与管理的过程，其根本目标是充分激发利益相关者参与管理的积极性，从而通过有效的过程管理达成相应目标。

2. 协同学理论

协同学概念由德国理论物理学家赫尔曼·哈肯于1977年首先提出。他指出了系统内各子系统或各要素相互协同、相互合作与相互配合的重要性，且各子系统或各要素的这种能量的聚集会形成一种超越原各自功能总和的新功能。协同学理论强调系统联结，而系统联结是构成社会要素之间相互联系、相互作用和相互协同的结果。"正是由于各要素内部及其各要素之间的协同才会促成组织结构的有序性，进而引发有组织现象的产生。"[①] 而作为系统活力的"人"的合作与互动是优化组织结构、提高系统恢复力的重要途径与有效方式。

农村职业教育是一个完整开放而又复杂的系统。农村职业教育治理体系包括治理的多元主体、治理的丰富内容、治理的手段方法、治理的保障体系等复杂的结构要素，要实现有效治理，则离不开各要素之间的协同过程，离不开农村职业教育所在的环境要素之间的协作，涉及社会、政府、学校、社区、家庭甚至个人的协商与合作。因此，协同学理论强调"人"所处的系统各要素之间"联结"的重要性，为农村职业教育治理现代化提供了重要的方法论基础。

3. 群体动力理论

群体动力理论创始人库尔特·勒温采用格式塔心理学观点，将个体行为变化视为在某一时间与空间内，受内外两种因素交互作用的结果。群体动力理论主要研究群体的凝聚力、群体压力、社会规范、群体目标和社会成员的动机作用、群体的结构特性等。

库尔特·勒温指出，社会个体在合作性群体中具有较强的工作动机，群体目标结构会导致人际吸引，形成动态的、多样化的、现实的合作观。教育系统的健康发展，必须凝聚作为系统活力的"人"的凝聚力，制定确切的群体目标，采用合适的方式，充分调动"人"的积极性。教育治理现代化作为保障教育系统持续发展的策略与机制，必须聚合社会群体力量，充分利用群体动力效应，设立群体行动目标，引导并发挥社会群体的正能量，构建社会、政府、学校、家庭、个人等完善的教育治理体系。由此可见，群体动力理论不但为教育治理现代化提供了方法论，还为教育治理现代化阐明了群体行动目标的重要性。

（二）基本策略

农村职业教育治理体系的构建是一个系统工程，需要围绕农村职业教育治

---

① 郭治安，沈小峰. 协同论[M]. 太原：山西经济出版社，1991：91-95.

理体系的科学内容展开。

1.基于利益驱动、目标聚合原则，实现多元治理主体体系

治理的本质是相关利益主体的协同管理，参与主体多元化是农村职业教育治理的前提。而实现治理主体多元化，则必须基于利益驱动的动力机制，这是保持治理长效性的关键要素。然而，不同主体利益诉求的多元化，可能会导致治理过程的协同性不足、治理效果不佳。因此，需要以趋同的发展目标来聚合多"维"主体的合力。

从功能来看，农村职业教育兼具"事业"和"产业"双重属性。从国家层面而言，农村职业教育能有效提升农村人口的素质，提升农村人口的就业能力，有效降低失业率、犯罪率等，对社会的和谐稳定、社会主义新农村建设、返乡农民工的职业培训和创业培训、农村弱势群体职业培训等国家战略工程具有非常重要的价值。从企业层面而言，农村职业教育能有效提升员工的基本素质和技术技能水平，从而有效提升生产率和企业利润。从家庭和个人层面而言，农村职业教育也具有非常重要的积极价值。农村职业教育功能的多维决定了相关利益主体的多元。政府、学校、企业、行业协会、社会组织、教师、学生、家长等都成为农村职业教育发展的利益主体，同时是影响农村职业教育发展的重要影响因素。

在参与农村职业教育治理的实际过程中，不同利益主体会基于自身对农村职业教育利益诉求的不一致以及对农村职业教育认识上的差异，导致各自在农村职业教育治理过程中的治理目标、治理内容侧重点、治理路径方法、治理的效果达成等方面存在较大差别，甚至会决定农村职业教育治理的结果是"善治"还是"差治"。

因此，要实现不同利益主体的协同共治，就必须促使利益各方找到实现自身利益目标的共同目标。农村职业教育的又好又快发展则可以成为不同利益主体进行协同治理的"趋同目标"，从而实现治理目标的聚合效应。

2.基于层次清晰、重点明确原则，构建合理治理内容体系

治理的对象和内容是农村职业教育治理体系的实体部分。治理内容事关相关利益主体治理目标的实现，也关系农村职业教育自身的健康可持续发展。从治理的内容体系而言，影响农村职业教育发展的一切因素，都可以成为治理的内容，如农村职业教育的功能定位、规模控制、结构布局、教育教学过程、学生管理、人财物管理、资源建设、质量控制、评价体系，等等。

治理内容体系具有层次性特征，基于不同层面的治理主体，其治理内容侧重点各有不同。农村职业教育在发展中，要结合不同的时代背景、不同发展阶段，确定治理的重点。同时，应该结合具体情况，寻求突破点。

从宏观层面的治理内容而言，应发挥政府在治理过程中的主导性作用，包括职业教育功能定位、规模控制、结构布局、质量评价等治理内容。国家要对农村职业教育在农村经济社会发展以及国家战略中的功能进行系统定位，加强对农村职业教育与农村经济社会发展之间的吻合度和协调性研究，并对如何实现职业教育的功能进行宏观战略布局。例如，国家近些年发布的中央一号文件、《中国农村扶贫开发纲要（2011—2020年）》《国家新型城镇化规划（2014—2020年）》《中共中央 国务院关于推进社会主义新农村建设的若干意见》《"十三五"全国新型职业农民培育发展规划》等系列涉农重要政策文件，都对农村职业教育提出了功能上的诉求，在国家农村经济振兴、返乡农民工职业技能培训、新型职业农民培育等诸多方面都对农村职业教育的功能提出了明确要求。

3. 基于平等参与、民主协商准则，形成科学治理规则体系

治理之所以不同于传统意义上的管理，主要源于规则的不一致。治理一词的内涵随着时代的发展而发展，大致经历了从治理约等于管理、治理约等于服务，到治理约等于协商共治几个阶段。传统的管理强调单一管理主体，权力集中，缺乏民主协商机制，自上而下的单线封闭式管理，导致管理低效、无效甚至阻碍事物的发展。现代科学治理则强调多元利益主体平等参与，强调治理主体的责权利一体化，将平等参与、民主协商作为治理过程的基本行动准则。

首先，构建目标驱动的责权对等机制。基于利益目标导向，激发农村职业教育各方面、各条块办学资源的投入，包括管理主体在时间、精力、智力等无形要素上的投入，协同配合，发挥规模效益、功能整合效应。

要对农村职业教育的多元治理主体进行利益分析，基于责权统一的原则明晰主体责任框架体系。农村职业教育具有准公共产品属性，政府部门在享受农村职业教育公益事业功能的同时，应通过制定法律法规来约束利益各方的行为，以免农村职业教育在功能定位上发生方向性偏移。行业企业在参与农村职业教育的过程中，在享受农村职业教育带来人力资本红利的同时，需要在农村职业教育资源投入与共享、行业（产业）标准与教学标准对接、参与人才培养过程等方面承担责任。

其次，搭建民主互动的协商治理平台。以农村职业学校为中心，可将治理

平台分为外部治理平台系统和内部治理平台系统。从外部治理平台来看，主要包括以下三种。一是农村职业教育工作联席会议。这种治理平台的构建应充分发挥农村职业教育管理部门的主导作用，构建由政府分管领导牵头，农村职业教育主管部门具体组织，政府相关管理部门、相关企业、个人、社会组织等积极参与的治理平台。治理内容主要包括农村职业教育资源的统筹协调、共同协商讨论本地农村职业教育发展中的重大问题、制定职业教育发展的相关政策法规等，构成职业教育治理的最高决策机构。二是农村职业教育与行业对话活动。涉农行业组织通过本地区农村人才需求预测、职业标准制定以及专业设置、教学活动与教材建设的参与等手段指导职业教育实践活动。三是组建农村职教集团（联盟）。形成以行业性、区域性的农村职教集团（联盟）平台，实现产教深度融合与校企合作，解决农村职业教育发展资源的统筹协调，深度治理等问题。

从农村职业学校的内部治理平台来看，主要有以下五种。一是理（董）事会。《现代职业教育体系建设规划（2014—2020年）》提出，职业院校设立理（董）事会，50%以上的成员要来自企业、行业和社区。设立专业指导委员会，50%以上的成员要来自用人单位。理（董）事会是职业教育治理的核心，应成为院校治理的决策机构。二是党委常委会及校长办公会。三是专业建设委员会。四是教师代表大会。五是各种专题研讨会。可以举办实践基地建设研讨会、课程建设研讨会、教学工作研讨会等专题会议，主要为专业建设、校企合作、课程建设等实践问题提供研讨平台，通过邀请企业家、致富带头人、专业技术能手、农场主、创业标兵等一线实践专家前来献言献策。

最后，形成约定俗成的对话治理机制。协商治理强调公民理性参与的重要作用，是一种基于公民理性参与的治理。协商式民主通过对话平台让多方协商讨论，通过改变各利益主体的个人偏好而达成基本共识。职业教育各利益相关者理性表达的关键在于清楚自己的职责和角色，同时清楚其他人的角色和职责。各种力量都在治理体系内找到了自己的位置，这些位置由人们在争夺各种权力或资本分配中所处的地位决定。

无论是农村职业教育的外部治理，还是院校发展的内部治理，既需要一个平台，还需要形成一种理性、自由表达的机制，需要建构一种保护这种民主表达、共同决策的机制。建立这种机制的前提是共同的目标愿景——农村职业教育的更好发展，核心是各自利益以及相应责任，路径是约定俗成，即通过相关主体必须达成这样一种共识和预见：通过对农村职业教育的协商治理过程，实现共同的发展目标和各自的利益诉求。同时，通过不断的协商对话与治理实践让这种愿景和预期得以实现，行为得以强化。

4.基于法治先行、系统推进原则，优化治理环境

农村职业教育科学治理这一目标的实现，需要一个良好的治理环境（保障体系）。

首先，法治先行。农村职业教育治理只有在法治的环境中才能有效和高效进行。在治理的过程中，需要将法治思维方式贯穿农村职业教育治理的始终；需要以法治为基础目标，从而有效引导教育治理方向；需要以法治达成治理共识；需要以法治规范治理程序；需要以法治来确定治理方式；需要最终通过法治来保障治理成果。

其次，系统推进农村职业教育治理的环境建设。除了法治环境之外，农村职业教育的科学治理还需要在其他方面进行系统推进。一是需要良好的理论环境。农村职业教育科学治理的实践需要理论的引领。治理和传统的管理的本质差别是什么？什么样的治理才算是科学的治理？农村职业教育在治理方面有何特征？如何通过有效治理来推进农村职业教育的良性发展？这些问题，都需要进行理论上的研究和梳理。二是需要相应的人、财、物等资源作为保障。治理平台的构建，除了政策和观念等方面之外，还需要众多人、财、物等资源的共同参与。三是需要良好的文化环境来作为保障。相关利益主体的文化观念、自身修养、社会文化环境等软性环境是保障治理工作进行的助推剂和软化剂。四是需要评价体系。农村职业教育科学治理的结果如何？效果如何？如何检测？这是测评治理是否有成效的必备环节。农村职业教育的利益主体多元，这些利益主体自然不能"既做运动员，又做裁判员"，进行自我授权认定。从结构完整性角度而言，科学治理体系不能缺少评价体系。从实际而言，治理体系可以采用自我评价和他方评价相结合，也可以积极采用第三方评价的方式，通过购买服务的方式来进一步健全评价体系。

第五章　乡村振兴战略下职业农民培育

第一节　职业农民概述

进入21世纪以来，我国加快了新型工业化、信息化、城镇化、农业现代化的发展进程。但是，农业属于弱势产业，外部效益明显，比较效益较低，在市场机制的作用下，农业生产要素由农业向非农产业、由农村向城市加快转移，农业劳动力结构出现了新的变化，农业发展面临着从业人员数量减少、结构失衡等困境。近一段时期以来，"未来谁来种地，如何种好地"及粮食安全问题成为社会广泛关注的热点。

针对这种状况，2006年中央发布一号文件，提出"培养造就有文化、懂技术、会经营的新型农民"，强调发展农业规模经营。2007年，党的十七大报告强调，"培育有文化、懂技术、会经营的新型农民"，实现了从"培养"到"培育"的转变，更加注重通过环境和扶持去"培育"新型农民。2012年，中央一号文件首次提出了"新型职业农民"的概念，体现了未来农民从身份向职业的转变、从兼业向专业的转变、从传统生产方式向现代生产经营方式的转变。

一、职业农民的概念与内涵

（一）职业农民的概念

目前，我国的"农民"概念在广义上多指"农业人口"，指的是"农业人口"的一种身份。"农民"泛指"农业人口"。在这种定义下，在不同的语境中的"农民"往往不是一种职业含义,更多的是一种社会等级、个人身份、社会资源占有状况、生存状态、社会组织形式,甚至是一种文化模式和社会心理结构,因此我们把这种按身份划分的农民称为"身份农民"。"身份农民"反映了我国二元社会结构的现状。

关于新型职业农民概念,在原农业部于2013年印发的《农业部办公厅关于新型职业农民培育试点工作的指导意见》中有确切的表述,"从我国农村基本经营制度和农业生产经营现状及发展趋势看,新型职业农民是指以农业为职业、具有一定的专业技能、收入主要来自农业的现代农业从业者"。

著名经济学者厉以宁曾表示,未来的中国农民将不再是一种身份,而是一种职业,未来的农业从业者将是真正懂得农业技术的农场主、农民合作社、农业企业等。

(二)职业农民的内涵

从职业农民的概念表述可以看出其基本内涵:一是从业者的职业性,二是从业要素的现代性。

1. 职业性

从职业分类意义上来理解,其实农民是一种职业。农民是指长期居住在农村或集镇社区,以土地等农业生产资料为资产,长期和专门从事农、林、牧、副、渔业的生产劳动者。就像职业分类中的工人、教师、公务员、商人等一样,指的是人们所从事的一种职业。因此,职业农民要符合以下四个条件:一是使用(或长期使用)一定数量的生产性耕地或其他农业生产资源要素;二是大部分时间从事农业生产;三是经济收入主要来源于农业生产和农业经营;四是长期居住在农村或集镇社区。

需要指出的是,不是所有农民都是职业农民。职业农民是相对于传统农民而言的,他们是新农村建设的中坚力量,他们的经营理念、资金技术和抗风险能力较传统农民要强很多。职业农民不是那些传统的以种地为生的农民,而是以土地为资本、走进市场、参与市场竞争的经营者。职业农民把农业当作职业,他们懂经营,具有较高的收入和社会地位,受到社会的尊重。当然,城市居民符合上述特征的也应被列入职业农民的范畴。

职业农民有别于传统农民,最大的区别在于其建立在一定的契约基础之上,有约束主体,职业变化是其自主选择而不是天然继承,其素质技能更注重专业优势,一般而言属于受薪阶层而不是独自发展。职业农民可以是种植能手、养殖行家,也可以是农产品经纪人。他们有一定的从业条件,但不受户籍制度、生活区域等限制。从现代企业管理制度的角度来看,传统农业相当于个体工商业,现代农业相当于现代公司制,传统农民相当于个体工商业者,而职业农民相当于现代企业制度中的职业经理人。

2. 现代性

新型职业农民与非农民、传统农民、兼业农民不同,新型职业农民除了符合农民的一般条件,还必须具备以下四个条件:

(1)新型职业农民是市场主体。传统农民主要追求维持生计,只是身份有别于市民;而新型职业农民则充分地进入市场,将农业作为产业,并利用一切可能的选择使报酬最大化,一般具有较高的收入。

(2)新型职业农民具有高度的稳定性,把务农作为终身职业,而且后继有人,这是其基本特点。

(3)新型职业农民具有高度的社会责任感和现代观念,新型职业农民不仅有文化、懂技术、会经营,还要求其行为对生态、环境、社会和后人负责。

(4)新型职业农民的经营特点既保留了传统农业经营的优点,又避免了小农户的弊端;既有家庭经营的优势,又融入了现代农业的要素。

(三)职业农民的分类

1. 生产型职业农民

生产型职业农民是指掌握一定的农业生产技术,有较丰富的农业生产经验,有一定的资金投入能力,收入主要来自农业的农业劳动力,是直接从事园艺、鲜活食品、经济作物、创汇农业等附加值较高的农业生产的群体。主要是专业大户、家庭农场主、农民合作社带头人等。

2. 技能型职业农民

技能型职业农民是指具有一定专业技能,在农民合作社、家庭农场、专业大户、农业企业等新型生产经营主体中较为稳定地从事农业劳动作业,并以此为主要收入来源的农业劳动力,主要是农业工人、农业雇员等。

3. 服务型职业农民

服务型职业农民是指掌握一定农业服务技能,服务于农业产前、产中和产后,并以此为主要收入来源的农业社会化服务人员,主要是农机服务人员、统防统治植保员、村级动物防疫员等农业社会化服务人员。

4.经营型职业农民

经营型职业农民是指有资金或技术,有较强的农业生产经营管理经验,主要从事农业生产的经营管理工作的群体。主要是农村信息员、农村经纪人。

二、职业农民的时代特征

从职业农民的概念界定和内涵可概括出职业农民的基本特征。职业农民主要体现在农民自身文化素质的提高上,体现在由以前纯体力致富到脑力致富的转变上。具体来说,职业农民的本质特征体现在以下几个层面。

(一)新型职业农民是有文化、懂技术、会经营的知识技能型农民

从经济学角度看,知识技能型农民就是"农商",传统的农民是农夫。农夫与自然经济相契合,日出而作,日落而息,生产的产品主要用于自己消费,是一种典型的自给自足的自然经济形式。而农商则不同,它是一种全新的范畴,是现代农民的经济学意义表述,它反映了一种新的经济关系,是通过市场配置资源,以需求指导农业生产又以新产品引导市场,并以商业活动为舞台的新型农副产品生产者和市场经济的参与者。

有文化是指职业农民必须具备一定的文化知识基础和通过接受教育提高接受新知识和各种信息的能力。农民知识化进程的快慢,在很大程度上决定着现代农业和新农村发展的步伐快慢,决定着我国经济社会发展第三步战略目标的实现速度。农民的整体文化素质决定了农民对新技术、新思想的接受程度,决定了农民对农产品新品种、环保意识、食品安全意识、无公害农产品、标准化知识的接受能力,对农民市场经济知识与技能、经营能力和转岗能力有重大影响。

懂技术是指职业农民必须具备一定的农业科学技术基础,接受过技能培训,具有提高自身吸收和运用新技术的能力。只有大量的农业科技成果最终被农民所掌握,才能转化为现实生产力,才能使更多的农民适应农业专业化、规模化和科技化发展的要求。

会经营是指职业农民必须具备一定的适应市场经济发展的经营管理基础,以及通过参与市场提高自身经营管理水平和适应市场经济的能力。职业农民除了是生产者,还是投资者、经营者、决策者,同时是市场风险和自然风险的承担者。实践证明,在市场经济日益发展的情况下,如果农民依然"面朝黄土背朝天""土里刨食",很难走上致富之路。"无农不稳、无工不富、无商不活"已经成为人们的共识,农民只有会经营,不断提高经营现代农业的水平,全方

位拓展增收渠道,用工业的理念发展农业,推进农业生产经营向集约化、专业化、机械化发展,向标准化、信息化、产业化发展,才能实现致富的目标。

(二)职业农民是思想道德素质较高的文明型农民

在思想方面,职业农民树立起了集体主义观念和现代思想观念,具有市场意识、竞争意识和创新意识,拥有一定的理想信念;在道德方面,职业农民符合社会公德、家庭美德等道德规范要求,能够继承和发扬尊老爱幼、勤劳朴实等优秀农村道德传统。文明型新职业农民是实现城乡一体化目标的必然要求。

(三)职业农民是民主法治意识强的民主型农民

在民主方面,职业农民树立起了民主观念,具有较强的政治参与意识、自我表达意识、自我管理意识及主人翁意识,积极主动地参与民主选举、民主决策、民主管理和民主监督;在法制方面,职业农民树立起了法制观念,自觉地学法、懂法、守法,并能主动拿起法律武器维护自身合法权益。

(四)职业农民是把务农作为终身职业的全职农民

在从农业社会走向工业社会的过程中,农村家庭逐步解体,几乎每个家庭都有人在城市打工和就业,因此,这些所谓"农民"实际上已经成为等待就业的人,而不是从事农业的人。随着农业生产的不断发展,更需要将务农作为终身职业的全职农民,他们以从事农业再生产为主,并以此为生计来源。

(五)职业农民是具备较大经营规模,具有较高收入,具有较高的社会地位并受到社会尊重的职业型农民

在北方适合机械化耕种与收割的平原地区,大部分地区早就实现了粮食作物生产的现代化,那些出租农业机械为人耕种的人也算是职业农民的雏形。在未来的农业生产中,职业农民将带领大家见识规模经营带来的高效率、高收入且低成本的农业经营模式,并让大家见识由此带来的高收入,赢得的较高的社会地位,受到的社会尊重。

三、职业农民的素养要求

素养是指一个人的修养,是以人的先天禀赋为基础,在环境和教育的影响下形成和发展起来的相对稳定的身心组织的要素、结构及其质量水平。"素"的本义是"时常",如"素不相识""素来已久",这里所说的"素"就是指日常、平时。"养"可解释为教养,是人逐步形成的文化本质和精神状态、理念

和人生态度上的特征。素养主要是强调人们在后天的生活中的修习，是人们在学习过程中所形成的涵养的特性。

所谓职业农民的素养，是指我国当前和今后一段时期，根据"有先进思想观念、有高尚道德情操、有科学致富本领"的总要求，在职业农民的培养培育中，对这一特定群体提出的思想道德、文化科学、职业技能等方面的基本要求。

（一）思想道德素养

思想道德素养是一个人思想和道德内在统一的综合体现，是思想素养和道德素养的融合和统一，是一个人的行为规范的标准。思想素养与道德素养是相互制约、相互影响的，共同构成人的思想灵魂。

思想素养包括人的世界观、人生观、价值观、社会观等。道德是以善恶为评价标准，以人的信念、社会舆论、传统风俗为评价尺度的人的行为规范的总和。道德素养是人们的道德认识和道德行为水平的综合反映，包含一个人的道德修养和道德情操，体现着一个人的道德水平和道德风貌。而思想道德素养是指人在一定的社会环境和教育的影响下，通过个体自身的认识和社会实践，在政治倾向、理想信仰、思想观念、道德情操、法律素养等方面形成的比较稳定的品质。

在职业农民的综合素养中，思想道德素养居于核心和基础的地位，是管方向的，是统帅，是灵魂，和科学文化素养一起构成最基本的素质。作为职业农民素养的一个重要方面，其状况决定了职业农民的社会经济行为。

改革开放以来，我国广大农民的思想道德素质获得了较大提升，形成了不少体现时代精神的新风尚。我国农民吃苦耐劳、勤俭持家、礼仪待人、淳朴憨直、孝亲睦邻、助人为乐、忠厚老实、团结友善的传统美德，在农村社会中被继续传承和发扬，并与适应社会主义市场经济的新的道德观念相结合，使得农村社会风气在总体上保持着较好的发展态势。但同时我们也看到，当前农民思想道德素质仍有待提高。

树立正确的人生价值观是衡量职业农民人生态度和人生价值的重要方面。要从客观实际出发，采取科学求实的态度来想问题和办事情，认清人与自然、人与社会的关系，克服挥霍浪费、摆阔气、讲排场的不良风气，把个人致富与集体致富、勤劳致富与勤俭持家有机结合，抵制和反对拜金主义、享乐主义、极端个人主义，具有热爱农业、献身农业的良好品质。要树立幸福、乐观的人生观，对人生抱有积极乐观的态度。职业农民的价值观应该是理性的，是用来评价自己合意的目标的准则，是对周遭社会存在的反映，要正确对待金钱、权力、地位，正确处理理想与现实的关系。要避免盲从、理性消费，量入为出、适度消费，以群体和社会的利益为中心，努力为农村的建设做出贡献，以实现自己的人生价值。社会主义职业农民应成为思想观念新、创新精神强、科技知识精、致富信息灵的新农村建设领跑者。

1. 热爱农村，有主体责任意识

农村是一个广阔的天地，农业是国民经济的基础，万物土中生，地是无价宝。我们的农民世世代代劳动、生息、繁衍在农村，从事着农业生产，他们依靠自己勤劳的双手，发展生产、扩大经营、战胜灾害、克服困难，为国家提供了大量的粮食和农副产品，为工业的发展提供原料、劳动和资金积累，奉献社会，奉献人民。因此，职业农民应该喜欢农村生活，热爱农村，了解中国农业的现状，并能认识到，扎根农业、从事农业、干好农业，是一项光荣而崇高的事业，从而树立发展农村经济的主人翁的责任感和事业心。

2. 诚实守信，恪守职业道德

诚信不仅是中华民族的传统美德，也是当代农民应具有的品质。应把职业农民的诚信教育摆在突出位置，作为新一轮农民职业道德教育的总要求，使诚信文化渗透农民工作、学习、生活的方方面面，增强全体农民的信用意识。尤其是在市场经济发展的今天，诚信显得更加重要。农业已从封闭落后的半自给自足的产品经济逐渐转向开放的、活跃的商品经济，职业农民的生产已不是主要为了满足自身需要的自给自足的生产，而是为了创造更多用来交换的商品。现代市场经济是契约经济，更是诚信经济。在以诚信作为维系条件的市场经济中，应坚持货真价实、童叟无欺，不以次充好、掺杂使假、坑蒙拐骗，坚决制止、杜绝任何假冒伪劣商品。职业农民在经济往来中要讲信用、重信誉，遵循市场交易既定的规则，恪守各种经济合同的约定，不违反各种经济原则，不偷税漏税，自觉依法维护农业市场经济的正常运行秩序。诚信是现代市场经济健康运转的不朽灵魂，诚实守信、恪守职业道德是市场经济条件下新型职业农民必须具备的道德素质。

3. 保护环境，有强烈的环保意识

环境保护的问题已经成为衡量一个人道德水平高低的重要尺度。保护环境，就要做到正确处理经济发展与保护环境二者之间的关系，要深刻认识到资源的有限性和环境污染的危害性，特别是要意识到浪费资源、污染环境最终会殃及自己和子孙后代。我国当前进行的社会主义新农村建设应该以科学发展观为指导,坚持可持续发展的原则。新农村建设的要求中重点提到的"村容整洁",涵盖了农村生态环境建设的相关内容。伴随农业经济发展,要特别注重保护农村生态环境,树立环保意识。一是农业生产要依靠农业科学技术而非扩大种植面积的方式来增加产量,严禁大面积的森林砍伐;严禁过度放牧而导致草地被毁,丧失保持水土的功能;合理控制使用农药化肥,保持土地质量。二是在农村生活方面要树立良好的生活习惯,不将生活垃圾直接扔到河边、村头、庄稼周围,保护农村水质与空气质量,禁止将污染型企业引入农村,造成农村环境严重恶化。

社会主义职业农民应当具有生态意识和绿色环保意识,要认识到保护自然环境、维护生态平衡是每个社会成员包括职业农民应尽的社会责任和道德义务。

4. 文明高尚,摒弃封建迷信思想

职业农民以现代意识在社会生活、社会行为中发挥重要作用,具体体现在思想观念、精神风貌、移风易俗、民主选举、提高修养等方面。社会主义新农村的一个重要标志就是乡风文明,因此,要加强农村精神文明建设,净化社会风气,营造文明风尚,破除封建迷信思想,让健康、文明、科学的生活方式自觉融入家庭和农村社区。可以通过在农村建立文化站、图书室,引导农民自觉抵制低级趣味、庸俗和迷信的活动,优化农村道德素质建设的外在环境。创造一个农民群众安居乐业、物质文化生活丰富多彩、邻里之间和睦相处的良好环境是建设社会主义新农村的重要目标,职业农民要在这一过程中发挥主导作用。

职业农民应摒弃自给自足、墨守成规、循规蹈矩的生产生活方式,要脱离对土地的严重依赖心理,树立创造新生活的愿望和勇气,重视农业科技创新,推进高产、高质、高效的农村农业经济模式。

所谓思想道德素养要求,是指根据社会主义核心价值观的要求提出的对人们行为的思想道德希望。它在时间上相对地先于人们的行为,给人们的行动指出思想道德发展方向。它必须代表人的行为在一定历史阶段的最高思想道德水平,因而思想道德素养要求在一定历史阶段也只有一个,即现阶段最先进、最合理的思想道德标准。

一个人思想道德素养的高低取决于很多因素,但是政治倾向和法治素养是两个不可避免的因素。它们作为思想道德素养的两个方面,对思想道德素养的高低有着至关重要的影响。职业农民作为农民的优秀代表应该具备较强的政治和民主法治意识。其衡量尺度，是看他们是否在社会主义核心价值体系的指导下，认同国家的大政方针；是否能做到在自己致富后带领传统农民一起致富；是否具有一定的民主法治意识，积极参与民主活动；是否了解基本的法律常识，能够通过法律渠道维护自身的权益，并能够运用法律帮助传统农民解决实际问题等。

（二）科学文化素养

科学文化知识是人类对于客观规律的认识和总结，是人类以心智征服物质世界，发现客观真理的成果。科学文化知识不仅能够帮助人们形成智力、能力、生产力，同时能够形成新的思想道德和精神品格，促进人的全面发展。正是不断积累的科学文化知识，帮助人类从大自然中站立起来与动物分开，走向文明，走向未来。科学文化的力量，越来越深刻地影响着人类生活，它全方位地提高着人的素质和能力，成为改造世界、推动历史前进的重要力量。提高农民的科学文化素养是农民职业化首先面临的挑战。

21世纪是知识经济的时代，是中国迈向现代化，人民共同走向富裕的世纪。没有农村的现代化就没有全国的现代化，社会主义建设需要有文化的劳动者，所有劳动者也需要文化。知识是力量的源泉，只有依靠知识资源，依靠科学技术，不断提高农民的素养，才能大幅度地提高农业劳动生产率和土地生产率及利用率，从而实现农业的可持续发展。多年实践证明，影响农业发展的深层次因素是农民的科学文化素养。要提高农业综合生产能力，加快农业现代化建设，实现农业农村经济发展，必须全面提高农民的科技文化素养，促进农业产业转型升级，培育一支高素养"有文化、懂技术、会经营"的职业农民队伍。

1.科学文化素养的基本内涵

（1）科学素养。职业农民不只是能说会写，或者是统计意义上的教育程度的普遍提高，更主要的是要有崇尚科学的理念，能主动与落后的、封建的、低俗的生活方式告别，并能自觉形成健康、文明、向上的生活方式，有自主自强、艰苦创业、勇于创新的精神。

当今农业科学技术的发展日新月异，生物技术、信息技术、核技术、农业工程等的研究已经取得很大的进展，农村是农业科技成果转化的主要市场，用户主要是农民，这就对职业农民的科技素质提出了更高的要求。职业农民应言行文明、崇尚科学，破除封建迷信活动等陈规陋习，进一步充实和活跃农村文娱文化生活。邓小平同志指出:"科学技术是第一生产力""将来农业问题的出路,最终要由生物工程来解决,要靠尖端技术。"① 崇尚科学,就是要让农民自觉讲科学、学科学、信科学、用科学。在农业生产中,要尊重客观规律,积极学习科学文化知识,努力运用科学技术提高农业生产水平,促进农业的产业结构优化升级,从而提高生产效益;在日常生活中,要积极学习科学文化知识,不断增加生活的科技含量,树立科学信仰,相信科学的力量。

因此,社会主义职业农民必须解放思想、更新观念,充分地认识到现代科学技术在农业生产中的重要作用,自觉地学习各种科学文化知识,钻研农业技术,并且自觉地把学到的技术运用到育种、栽培、管理等多个生产环节中去,真正让"科技"这棵摇钱树在广大农村生根、发芽、开花、结果。

"科学"一般指"智慧""技能""知识"。科学素养的内涵主要有三个方面:公民对科学概念和科学理念的理解能力,公民对科学的认知能力,公民在个人生活和生产中运用科学文化的能力。具备基本科学素养的公民可以提高自己细致观察事物、全面思考、自我认知、冷静分析等各方面的能力。

当前世界正处于科技时代、信息时代,对于知识和技术的要求越来越高,科学素养成为公民进行正常生活、生产的基本素质。如果职业农民不具备一定的基本科学素养,也就不能掌握好一项就业技能和工作能力。当时代的发展满足了人们的物质需求后,人们便开始追求精神生活,而这种需求也要以具备基本科学素养为前提。农民只有从根本上提升科学素养,才能更好地利用好科学知识和科学方法,从而培养职业农民的自我判断能力和独立思考能力。

(2)文化素养。人文素养是一个人所具备的最基本的素养,影响个人的发展方向和价值观的确立。人文素养主要是指在注重以人为中心的文化理念当中,注重突出有关人的个人理想、内心信念、正确的价值观、审美观、文化品质、自我创造能力、创新精神等。一个人的文化素养高低一般由其文化基础的高低决定。文化基础一般由其受教育程度来衡量。相对来说,一个人的学历越高,其文化基础相应也越好。对于职业农民来说,"有文化"是最基本的素养要求,文化基础决定其接受和消化科学信息的能力,决定其不断发展和提升的能力。因此,对职业农民来说,设立最基本的文化基础要求是必需的。在职业农民培育课题的相关研究和实践中,人们普遍认为职业农民必须接受良好的中等或高等教育。对于大多数未来劳动力来说,接受良好的中等或高等教育(至

---

① 范德官.邓小平"三农"思想研究[M].福州:福建教育出版社,1997:136.

少是中等教育），具备与所从事职业相适应的文化知识水平，这对于我国目前的农村教育条件来说，总体上是可以做到的。

要通过发展农村教育，来提高农民受教育的程度和范围，从而提高农民的科学素养。要加大对农村教育的财政投入，促进教育基础设施建设，普及高质量的九年义务教育，使绝大多数农村居民完成正规的义务教育。在此基础上，使较多人完成高中阶段教育，为未来农民储备必需的科学文化基础。在经济欠发达地区，要重视和发展中等职业教育，使更多的农村居民接受中等职业教育。

要大力开展农民文化培训，积极调动社会资源，开展丰富多彩的科技活动，提高农村劳动者的科学素养，提高农民学习科学知识的积极性，形成农民热爱科学的良好氛围。

职业农民应当喜欢学习、善于学习，懂得学习的方法、养成良好的学习习惯，通过不断吸收新的知识，获得新的发展动力。

2.科学文化素养的具体要求

（1）受教育程度的要求。若将职业农民按初级、中级、高级三个层次分类，不同层次的职业农民应有不同的文化程度要求，即初级职业农民应具备高中（或成人高中）以上文化；中级职业农民应具备中等职业教育涉农专业以上文化；高级职业农民应具备大专以上文化。

将职业农民的基本学历要求定位在高中毕业（包括成人高中）文化程度，既符合中国的现有国情，也能基本满足未来农业对从业人员的要求。

职业农民的基本学历要求是从现阶段我国国情下提出的要求，目的是尽快促进现有传统农民向职业农民转型，尽快促进传统农业向现代农业转型。而提出较高学历要求，一是从提高职业农民的整体素质角度来考量的；二是从将来全国高等教育毛入学率不断提升的趋势来考量的；三是从职业农民培育的长效机制形成为期不远的判断来考量的。

据此，对于教育和经济都较为发达的地区来说，职业农民科学文化素养的最低学历要求可以提高为大专及以上学历要求（含成人教育学历）。

（2）科学素养的要求。传统农民没有也不需要掌握太多的科学文化知识，不谋求更多的收益和更高的利润。而对于职业农民来说，对其科学素养的要求有以下内容：了解科学技术知识、懂得科学方法；基本了解自然界和社会之间的关系；能够认识到科学技术、科学方法的作用，能够运用科学方式和思维方式方法来处理日常生活中的困难和问题；掌握相应的基础农业科学，通过在生产活动中对科技成果的应用,最终将科技成果转化为劳动力。

农民的科学意识直接影响着农业和农村经济的发展。职业农民要多渠道地接受政府对于农业科学的思想教育、宣传,充分利用广播、电视、报纸、书刊、会议、培训等多种形式学习先进科学文化知识,同时将转变思想观念放在首位,适时抛弃传统的小农意识,走出安于现状、不思进取的误区。通过政府创办的关于农村、农业发展多渠道的信息网络,积极学习市场供求趋势、农产品价格变动、农业新技术、新品种等方面的信息。只有不断接受教育,树立科学意识、爱科学、学科学、用科学,才能跟上社会发展的步伐。

(三)职业技能素养

职业技能素养指的是职业农民在农业生产活动中应具备的劳动经验、生产技能。依靠科学技术来发展农业,已成为世界新一轮农业革命的支撑力量。但从现实来看,我国农民的技能素质仍有较大进步空间,农民技能素质成了决定农村"生产发展,生活宽裕"的关键因素。

因此,全面提升农民的技能素质,既是促进农民增收、维护农村繁荣稳定的重要环节,也是提高农业竞争力、加快现代农业发展的重要途径。

通俗地说,技能就是"掌握和运用专门技术的能力"。职业农民所应具备的技能素养,是指这一特定群体在技术、管理等方面所具有的基本品质,即必须掌握一定的农业科学技术,这要求职业农民注意以下内容。

1.立足于认识与实践的统一

农民的技能是通过体验过程和反复实践过程形成和发展的。农业科学是一门实践性很强的科学,学员只有经过自身的动手训练和反复实践,才能有效地巩固技术技能。学员通过自身的动手训练,体验活动的开始、过程和结果,才能了解和掌握活动的内容、原理和本质,掌握实施活动所要求的技能。获得技能是从实践到认识再实践再认识的反复过程,只有强化训练,才能使自身的实践动手能力从掌握到熟练,从形成到发展,得到不断加强。这个过程,一两次是不够的,需要经过多次才能完成。

2.立足于知识和技能的统一

专业技能训练对于职业农民来说,至少要解决好怎么做和为什么这么做两个问题。这两个基本问题解决好了,才便于把知识与技能统一起来。以灌溉为例,未及时浇水导致植物花期推迟,说明未掌握好水分与作物生长的关系,虽然有的学员已有这方面的一些专业理论知识,但还不会实际应用,尚未得到印证。在浇水操作技能上,学员在教师指导下掌握了浇水要间干间湿、浇时要浇透,以利于根系吸收和作物生长,知道了"怎么做",而水分、根系生理机能、土壤结构、空气等相互作用关系则从理论上使学员明白了"为什么这样做"。对作物进行叶面追肥,叶面也存在吸收作用,但必须处理好与时间、气候、浓度、苗龄等方面的关系,既有理论问题又有实际技能问题。帮助学员处理好这类理论与技能问题,知识和能力就容易在专业领域得到统一,而这正是对职业农民开展专业技能训练的一个立足点、一个设计定位的目标。

3. 立足于技能与素质的融合

职业农民的技能素养应包括献身农业服务农村的稳定的专业思想、扎实宽泛的基础和专业实践能力、经营组织能力和创造能力等,其中至关重要的是学农、爱农、务农的人生理想和思想素质。在专业技能训练的设计定位上,应当立足于技能与素质一起抓,以技能训练促进思想素质提高,以思想素质提高保证技能养成。通过专业技能训练,不仅可以增强职业农民的动手能力,而且可以巩固其专业思想,并使其学农、务农、爱农的意识得到增强。

第二节 职业农民培育的必要性、平台与运行机制

一、职业农民培育的必要性

党的十九大报告明确指出实施乡村振兴战略,中央农村工作会议对于贯彻落实乡村振兴战略进行了部署。2018年中央一号文件更是进一步强调要大力培育新型职业农民,破解人才瓶颈制约。

(一)培育职业农民是推进乡村振兴战略的必然要求

目前,我国宏观经济步入新常态关键期,农业发展的内外环境发生了深刻变化。中国的农业已发展成为劳动、技术、资源、资金密集型行业,并正面临着激活农业生产活力、科技创新主导农业发展、信息技术快速发展的新机遇。实施乡村振兴战略需要一批现代农业从业者,培育职业农民能够为农业产业蓬勃发展、乡村环境绿色宜居、农民生活越来越好提供人才保障。因此培育具备现代农业生产经营管理技能的职业农民,是农业农村现代化建设和乡村振兴的必然要求。

乡村振兴战略下农村职业教育发展与职业农民培育研究

1. 职业农民为乡村振兴战略提供人才支持

农业是国民经济的基础。农业现代化的快速发展，使得现代农业产业始终处于运行模式不断创新、管理方式不断提升和人才能力素质要求不断提高的动态变化与发展之中，急需农业从业人员在类型、数量和素质等方面不断与之相适应。

2018年中央1号文件指出，实施乡村振兴战略应把人力资本开发摆在首位，并将新型职业农民列为四支人才支撑队伍之一。农业人才资源是发展现代农业的核心，农村带头人、生产经营人员、农业技术推广人员等是农业经济发展的主要推动力量，其综合素质决定着农村社会繁荣的步伐。人才是高素质和专业的从业者，具有强大的示范影响力，产业旺、生态美、文化兴、组织强离不开乡土人才。乡村振兴，关键在人。促进农村产业振兴，解决农民就业问题，乡村振兴是农村传统产业的转型升级，新型农业发展模式离不开具有创新创业能力的乡土人才——新型职业农民。

农民通过学习技术和技能，了解经营，可以实现职业转化。中国农业人口教育的出路一方面是在城市化发展的基础上培育产业工人，另一方面是采用现代农业技术技能培训职业农民。实施乡村振兴战略涉及产业发展、生态环保、文化传承、乡村民主等多个方面，职业农民作为现代农业建设的先导力量，将在乡村振兴战略中发挥人才支撑作用。大力培育职业农民，不仅要培养现代农业生产经营主体和农村实用人才，还要培养农业二、三产业的产业技术技能工人和农业合作组织的管理、服务人员，为社会输送高素质的生产技能型、技术指导性、产业服务型、市场经营型和专业管理型等各类农业专门人才。

2. 职业农民是乡村振兴的实施主体

农村发展的本质是人的健康发展。乡村振兴要让农民来做主角，坚持农民主体地位，充分尊重农民意愿，应让农民成为乡村振兴路径选择的决定者和成功与否的检验者。2012年中央一号文件提出"大力培育新型职业农民"。新型职业农民长期从事农业生产，实现了传统农业与现代生产要素的统一。而乡村振兴战略正是需要由真正懂农业、爱农村、具有创新创业精神的新型职业农民来夯实。

以培育职业农民为重点，通过农村职业教育提升农民群体的综合素质，是保证乡村振兴的关键。乡村振兴不仅仅是农业发展和农村建设，更是农业农村农民的全面发展，乡村振兴应在思想观念、生产经营技能、身心健康、科学素养等方面促进农民的全面发展,通过职业农民培育工程,不断提高农民综合素质与技术技能。职业农民是农业生产和基层治理的典范,具有强大的示范作用,通过现代职业思想和科学生产方式的转变和引导,可以激活农民发展活力,带动农村实现绿色发展。

(二)培育职业农民有利于缓解"农民荒"

"农民荒"问题已成为制约乡村振兴和农业发展的瓶颈。农业产业转型升级导致农业从业人员的数量和质量发生了结构性改变。当前,随着城镇化建设的快速发展,农村兼业化越来越明显,我国农业就业人员逐年减少。

面对未来农业劳动力不足,劳动力成本迅猛飙升的新形势,职业农民培育须由注重单项技术技能向人的全面发展转变。通过培育职业农民,发展农业规模化经营,促进农村新产业、新业态生成,可以提高劳动生产效率,加快农业生产方式转变,减少劳动力数量需求,提高农业从业人员收入。通过职业农民丰富农村经济增长点,培育乡村经济发展新动能,可以进一步吸引更多新生代农民扎根农村。培育职业农民既可以满足对经营管理人才的需要,还可以缓解中国现代专业农民缺失的状况。可以说,培育职业农民是破解"农民荒"的治本之策。

职业农民运用自己的知识技能和科技素质可以实现规模化经营,规模化经营的主体相比于个体农民更有能力购置先进的机械化生产设备,进行产业化生产,促进农业农村现代化发展。因此,只有不断提高农民素质,加强乡村人力资源的开发,才能有效推进乡村的可持续发展,实现乡村振兴。作为农村人力资本集聚的载体,乡村振兴需要职业农民的支撑。建立职业农民制度,可以造就更多乡土人才,推动乡村全面振兴。

二、职业农民培育的平台

农民是我国农村建设的主力军,随着工业化、城镇化进程的推进,在农村进行生产劳作的部分人会逐步转移出去,但总有一部分人会以无限热爱的情愫执着地在这片土地上耕耘、经营。只有这部分人的智能被极大地开发、热情被极大地鼓舞、利益得到极大的保障时,我国的农业才有可能得到较大的发展。

职业农民具有高度的社会责任感,他们注重发展现代农业、改善生态环境、实现自然与社会的和谐。简而言之,职业农民有文化、懂技术、会经营、善管理、能创业,是实现"四化同步"发展的主力军。因此培育职业农民是一件关乎农业农村发展方向性、全局性的大事，是一项复杂的系统工程，要根据职业农民在建设现代农业中的地位和作用，建立一整套以教育培训制度、认定管理办法和支持扶持政策为主要内容的法规制度体系，科学推动职业农民工作的开展。

新型农业经营主体是在坚持家庭承包经营基础上，创新我国农业经营体制机制，培育壮大规模化、专业化、集约化和市场化的农业经营组织。目前，以专业大户、家庭农场、农民合作社等为代表的新型农业经营主体在各地蓬勃涌现。新型农业经营主体将成为我国新型农业经营体系的骨干力量，是建设现代农业、保障国家粮食安全和主要农产品有效供给的重要主体。

许多理论研究和实践经验已经证明，农业要发展、农民要增收、农村要稳定，除了需要进行一系列重要的制度改革和大力的政策支持外，关键在于要从整体上提高我国农村的人力资本水平。人力资本状况的改善意味着农村劳动者具有较好的科学文化素养和运用现代工业资本品的相应技能，具有更好的资源保护和科学利用意识，在生产经营活动中也表现出更强的资源配置和管理能力，因而可以提高物质资本的使用效率，实现农业产出的不断增长。只有农村人力资本水平提高了，先进的农业技术和现代化的生产经营管理方式才能够被普及到广大农村，才能求得全面、广泛、持续的农业发展。

农村要想改变面貌，除了政府加大投入以外，也需要农村提高自身自我发展的能力，而对农民智力的开发则是教育培训首先要做的工作。资源是有限的，只有人的潜力是可以被极大开发的。人力资本研究理论认为，人力资本状况的改善有利于节省和替代投入到农业生产过程中的物质资本，可以提高劳动生产率和资本的使用效率，因而在同等投入的情况下可以得到更多产出。因此发展教育是彻底解决我国"三农"问题的最根本、最安全、最经济的途径。通过平台的教育培训和服务，能够让愿意从事农业的人无论贫富、不分地域都能站在同一起跑线上，给每个人均等发展的机会和不断向前的希望。建设和使用好职业农民培育平台是一种农民教育培训新的机制和模式。

（一）职业农民培育的平台设计

职业农民培育的平台（以下简称平台）是在充分整合利用现有社会资源的基础上，通过社区教育的形式，组建专门的工作队伍。这支队伍负责收集相关信息，搭建平台数据库和网站，开发培训课程，提供科技服务、信息服务以及教育培训服务；同时，还要负责创建培训基金，以保证平台的良性运转。平台将立足改变目前我国农民培训"自成一体、界限分明、各自为政、互不相干"

的格局，对农民教育培训和科技服务资源进行整合，探索农民教育培训的新方式。这一平台将构建优势互补、资源共享的综合服务体系，通过介入信息服务、资助服务、科技服务以及产供销过程服务，在恰当的时候为农民提供恰当的教育和培训。

平台需要进行的主要工作是组织建设工作。组织建设包括人才队伍建设（专家团队、组织团队和运营团队）、网站和信息系统建设、服务运营体系建设及相关制度建设。搭建平台的组织构架，利用网络、信息共享等技术，并通过虚拟组织理论和方法，将一定区域内的人力资源按流程筛选，形成核心专家团队、组织团队和运营团队，同时建立平台人才库。平台的日常工作、团队的管理和维护、培训效果监督及相关服务工作均由具有良好沟通能力的核心组织团队负责；教育培训活动、课程和培训项目开发由专业素质好的专家团队负责；运营团队负责开展广泛的社会宣传，通过信息对接，整合社会资源和服务来获取资金以保证平台的良性运转。平台通过数据的收集、整理、加工形成基础信息数据库，然后通过政策和行政的办法实现现有资源的互通共享，包括"本地信息，同城交换"、已有各部门独立的网络互联互通和各部门实际运行的数据库数据信息共享，实现农村信息资源的有效整合和共享；同时，平台结合农村实际需要开发相关子系统，对农村供需、农业技术、教育培训、便民信息、农业生产上下游企业、科研成果转化信息等进行规范的信息化管理。完善平台的工作机制，使师资、资金、设备、信息、政策等资源效益最大化，包括平台授课教师筛选和资格认定制度、学员定位和动态升级制度、动态课程和培训项目开发制度、培训后服务和培训效果评价跟踪制度、平台财务管理制度、创业基金使用制度等，通过制度建设为农民提供持续、高效的教育培训服务、农业技术推广服务、市场供需信息服务、流通服务等。

（1）职业农民培育平台具有公共服务职能。农村公共文化服务体系一方面在人才培养、信息传递、科技普及、市场开拓等方面发挥作用，逐步使农民掌握新知识、新技术、新科学，不断破除各种保守习气，克服束缚生产力发展的传统观念，为农村经济的发展提供智力支持；另一方面使广大农民进一步破除旧的传统观念，树立新观念、新道德、新的人际关系、新的精神状态，为农村的深层次改革提供精神动力。构建农村公共服务体系是实现政府公共服务职能的有效载体。

（2）职业农民培育平台能发挥教育培训功能。平台针对农村现实农业从业人员开展综合性、公益性的教育和培训，教育培训内容涉及文化知识和农业生产技术，以及商品加工、流通和经营管理等方面的知识，是对我国目前农村"三教统筹"教育理论进行理性审视后的超越和创新，是"三教统筹"具体工作的扩展和延伸。平台具有教育培训的文化服务功能。

（3）新型农业培育平台能发挥信息服务功能。平台将建设集政策法规、新闻发布、信息传播、技术推广、教育培训、服务等为一体的专业综合性门户网站。并将通过大学生村干部的介入完善政务信息公开制度、信息发布制度、新闻发布制度，通过公共文化服务系列指引使农民更容易获得真正有价值的信息，提高农民对信息资源的利用率。平台具有发布公共信息的文化服务职能。

（4）职业农民培育平台能发挥科学服务功能。科学作为一种文化，是社会文化现象的重要组成部分，科技进步和创新不仅是生产力发展的关键因素，也是文化发展的重要因素，落实"全民科学素质行动计划"内在地要求我们重视并加强公共科学服务体系建设。提高全民族科学文化素质，是发展先进生产力、先进文化的必然要求。平台在教育培训服务工作中将科学文化的传播和普及融入农村社会文化生活的方方面面，提高一般社会文化中的科学文化含量。平台教育培训网络模块会提供农民与农技专家、农民与电脑技术人员及农民之间互动的功能，也会提供专家自己总结的知识技术多媒体资料，实现人机交互功能，供农民学习、掌握，从而提高农民的知识水平。平台具有科学服务的功能。

（二）职业农民培育的平台建设

职业农民培育的平台建设必须坚持以下原则。

1. 资源优化整合原则

平台建设的关键点之一是资源整合。这符合当前我国的大政方针，《国家中长期教育改革和发展规划纲要（2010—2020）》中多次提到"不断提高社会资源对教育的投入"，2010年发布的《中共中央国务院关于加大统筹城乡发展力度进一步夯实农业农村发展基础的若干意见》也提出积极引导社会资源投向农业农村。各部门各行业要主动服务"三农"，在制定规划、安排项目、增加资金时切实向农村倾斜。大中城市要发挥对农村的辐射带动作用。鼓励各种社会力量开展与乡村结对帮扶的活动，参与农村产业发展和公共设施建设。对资源的整合主要指人、财、物、信息、时间和空间的整合，把归口各行业、各部门面向农民的培训项目引到职业农民培育的平台上来，把大专院校和科研院所的人力资源整合到平台上来，把社会可能的资金纳入平台基金，通过平台的总体规划、全面部署，安排落实培训项目的开发、实施培训以及培训效果考核，避免培训资源浪费、培训低水平重复等现象的发生。

2. 公益性原则

职业农民培育的平台建设最重要的原则是公益性。我国农民享受终身学习的权利,社会应向他们提供终身学习的机会。培训对农民有着重要意义,培训不仅可以给农民带来更多的收入,而且可以刺激农户家庭的人力资本投资行为。但是在有些地区,农民接受培训意味着要承担较高的直接成本和机会成本,而较高的培训成本会使大部分农户因为不能承受而无法进行继续学习和接受技能培训。公益性原则是指面对农民群体科学文化素养提高方面的教育培训和科学技术服务是公益性的。要让农民群体普遍地感到真正意义上的不收任何费用,感到自己从教育培训中受益,使自身的能力和水平通过教育培训和技术推广服务得到提高,进而增加劳动收入。因此凡愿意在农村从事农业生产及其相关行业工作的人员,均可申请免费参加普及性的教育培训活动,以提高他们的农业生产劳动、管理、经营等能力和基本文化素养,使他们具有农业生产及其相关领域生产、加工、经营、管理的职业技能,改善其精神生活状态,提高职业化农民群体的科学文化素养。

3. 自我良性运转原则

鉴于农民教育培训的准公共产品属性,平台应在加强自身建设的基础上申请财政补贴或者政府订购培训、推广项目;在公益性的教育培训活动之外设置收费培训项目,如针对创业型、创新型农民开展的更高层次的教育培训活动,新农村带头人培养、农民CEO培训等;通过信息对接等中介服务获取中介服务等费用;通过具有吸引力的发展战略规划来吸引资金,通过资本运作充分整合社会资源,维持自身良性运转,实现平台可持续发展战略。

三、职业农民培育的运行机制

职业农民培育必须按照"科教兴农、人才强农、新型职业农民固农"战略要求,坚持"立足产业、政府主导、多方参与、注重实效"的原则,以做大做强新型农业经营主体为导向,以种养大户、家庭农场主、专业合作社骨干等生产经营型职业农民为重点培育对象,通过创新机制、规范实施和有效管理,加快构建教育培训、认定管理和政策扶持相互衔接配套的职业农民培育运行机制。着力培养一支有文化、懂技术、会经营的新型职业农民队伍,为现代农业发展和新农村建设提供强有力的人才支撑。

（一）激励机制

培育职业农民是一项系统、复杂的综合工程，是推进现代农业建设的一项带有长期性、艰巨性和基础性的战略性任务，培育新型职业农民要与制度设计、政策配套、产业发展、教育培训、主体培育等有机结合。

1.实施职业农民培育的教育性扶持政策

培育职业农民，造就农业农村人才队伍，首要目标是要培育稳定的、高效的、可持续的农业从业生力军，建立健全培养人才、激励人才、留住人才的良性机制是根本。对职业农民而言，要实现未来有人务农、能人务农、职业务农等目标，政策内容具体应涉及人才培养、使用、扶持、服务等各个方面，但核心是要有政策扶持，扶持政策必须坚持人才技能与综合素质能力提升相结合，必须坚持人才培养与当地产业发展相结合，必须坚持人才培养、产业扶持、技术扶持、金融保险扶持、社会保障扶持等政策体系配套组合。

（1）做好顶层设计，强化社会拉力。要做好政策与制度的顶层设计，以培养造就一支可持续发展、数量适当、富有竞争和活力、代表现代农业未来发展方向的农业经营的主力军为目标，以职业农民的社会文化需求和实际制约突破为导向，以改善主体成长社会环境为重点，着手打破城乡二元经济社会结构和制度障碍，率先推进以赋予农民平等的公民权益、土地权益、劳动权益和财产权益为根本出发点的统筹城乡的综合配套改革，整体设计和联动推进户籍制度、土地制度、产权制度、住房制度、社保制度、政府管理制度等城乡一体的制度创新，推动城乡公共服务均等化，促进城乡社会保障一体化，剥离农民的身份属性，回归农民的职业属性，积极构建一个给予农民充分的尊重和应有的地位的社会环境和社会氛围，吸引更多有知识、懂科技、有资本的青年投身农业职业，从事现代农业创业就业。

（2）落实政策扶持，增强制度推力。要从政策扶持和社会帮助的角度，从塑造农业对社会的贡献和社会责任的高度，动员多方力量，支持、带动、帮助和鼓励有文化、懂技术、会经营、年轻力壮的职业农民专业从事现代农业。健全新型职业农民培育法规包括两部分内容：一是完善已有法律。对《中华人民共和国农业法》《中华人民共和国教育法》和《中华人民共和国职业教育法》等有关农民培育内容进行细化，明确规定职业农民的选拔、认定、教育及主要责任主体。规定农民具有同等受教育权利，特别加强对农村妇女受教育权保护，通过法律规定明确对于从事农业的青壮年在创业、就业过程中，实行税

第五章 乡村振兴战略下职业农民培育

费减免政策等。二是立法。国家应尽快出台培育职业农民相对应的专门法律法规，如《农业后继人才培养法》《职业农民保障法》等。要着力建立新型职业农民准入和准出制度，强化现代农业经营的进入与退出壁垒，实施职业农民资格认证与管理制度，重视持证职业农民的权益保障，给予持证职业农民政策优惠，加强对持证职业农民的务农积极性保护，加强政策制度创新，突破资金、土地等共性要素瓶颈约束，着力改善职业农民成长与发展环境，加大农业财政、信贷、保险的支持力度，给予职业农民更高的社会保障、医疗保障、农业保险保障、养老保障，使全社会感受到农业不再是弱势产业，农民不再是弱势群体，解除职业农民的后顾之忧，使职业农民成为高效、生态、现代农业的优秀的生产经营者，承担起农业现代化建设的重任。

（3）推进转型升级，诱发产业动力。要把发展现代农业的产业魅力作为调动职业农民积极性、创造性的根本动力，要在指导思想和政策导向上充分体现农业是农民致富的现代产业，要按照人本发展、集成创新、改革联动的思路，使农业从保障型、生存型的传统农业加快转变为发展型、竞争型的高效生态现代农业。要着力提升现代农业对各种主体的吸引力，不断加大强农、惠农、富农政策力度，加大对农业的支持和保护，尽快使从事农业生产的人获得或超过社会平均利润，促使务农农民的收入超过外出打工者的收入。构建现代农业产业体系，推进农业转型升级，积极拓展农业多种功能，提高农业的有机构成，大幅度提高农业土地资源的产出率，形成高投入、高产出、高品质、高效益产业发展态势。

（4）优化人力资本，提升素质能力。农民自身因素是成为新型职业农民最主要的因素，要培训农民，使之努力掌握新理念、新技能、新品种、新市场的新变化和积极提高适应、应对这些新变化、新要求的能力。要把科技教育培训作为培育职业农民的最主要的基础工程来抓，把人力资源的培训教育和开发利用摆到更加重要的位置，以千万农村劳动力培训工程为战略重点，对职业农民进行专项教育培训，除了进行农业技术、经营管理培训之外，还要进行依法务农和以德务农的教育，全面实行免费就读农业大中专院校的农业技术和管理专业的强农惠农政策。

（5）壮大新型主体，夯实基础主力。现代农业经营主体是职业农民的主要来源，是培育职业农民的蓄水池和主力军，要着力扶持和引导龙头企业、合作社、家庭农场、专业大户等新型农业经营主体做大做强；要适应农业国际化、市场化、科技化发展的新要求，培育壮大农业龙头企业，打造一批自主创新能力强、加工水平高、带动产业化的农业新型主体；要适应产业化、组织化、品牌化的新形势，规范发展农民专业合作社，使农民专业合作社真正成为能承担起产业化合作服务职能，成为带领家庭经营农户与国内外大市场接轨的服务载体；要适应农业规模化、专业化发展趋势，促进专业大户、家庭农场的数量与规模大幅度增加，从提升农业生产能力、科技应用能力方面入手，把农业专业种养大户和家庭农场培养成为带头致富和带领农民群众共同致富的新型主体和从事现代农业生产的主要力量。

2.落实职业农民培育的先进性奖励政策

培育职业农民是一项关系"三农"长远发展的基础性、长期性工作，政策扶持则是我国建立职业农民国家制度的核心内容，是培育职业农民的创新举措和根本保障，需要立足国情，面对现实，做好政策设计，循序渐进，逐步落实。

（1）以土地流转等集聚资源要素为主的农业生产经营扶持政策。合理流转农村土地，以职业农民为基础构建农业经营体系，创新"三农"工作体制机制。

获得资格认证的生产经营性职业农民优先获得流转土地使用权，优先参加县级以上示范家庭农场、示范合作社、农业产业化龙头企业等评选奖励，优先获得政策扶持。

对规模经营的职业农民，经过批准直接用于农产品生产的设施用地，不再办理农用地转用审批手续，实行向农业行政主管部门备案制。

获得资格认证的职业农民在流转土地范围内，按照上年实际农业生产经营面积和县级以上（含县级）人民政府确定的补贴范围及标准，实行普惠制土地流转补贴政策，列入同级财政预算。产粮大县用于该项补贴的支出由中央和省级人民政府分摊后转移支付，中西部地区省级政府分摊比例递减直至全免。

（2）以改善农业基础设施条件和为农产品品牌创建及营销体系建设服务为主的建设项目扶持政策。职业农民申报的各类涉农基础设施建设项目，在项目编制、申报源头上向职业农民生产区域或领办的农业经营主体倾斜，符合有关条件的自建项目优先向职业农民倾斜，各类建成项目优先提供给职业农民使用。

职业农民在申报农村土地整理、高标准农田建设等项目，优先把建设条件好，项目实施进展快，前期基础工作扎实的地区提供给新型职业农民。

职业农民申报的关于生态清洁型小流域建设，如推进农村河道综合治理、小型农田水利建设，给予优先批准，建成后及时验收、及时补贴到位。

职业农民对于新型农业经营主体规模化生产的需求，如统筹建设晾晒场、农机棚等生产性公用设施，应合理连接、贯通允许规模经营的农业生产道路。

职业农民申报的优势农产品基地（含设施农业、蔬菜基地）、养殖小区（含大中型沼气）等项目应受到政策倾斜并优先立项。

（3）以保障粮食安全和优质农产品供给的产业发展扶持政策。职业农民根据国家政策自主安排生产经营计划，自主申报，申报内容纳入职业农民资格动态管理范畴，经核定后的生产经营实际情况作为申报政府补贴的依据之一。

对从事粮食生产的职业农民实行粮食生产补贴、良种补贴、农资综合补贴等涉及国家粮食安全的补贴项目全覆盖；农机补贴、农产品初加工设施补助等项目优先满足职业农民需要，大中型农机补贴向较大生产主体倾斜。

职业农民享受获得无公害农产品、绿色食品、有机农产品、原产地、食品质量安全、注册商标、名牌农产品认证等政府定额补贴；建立规模经营的职业农民交售重要农产品与国家储备的粮食、棉花等收储企业直接挂钩制度，政府按照职业农民交售给国家收储的重要农产品数量进行奖励。

职业农民从事种植、畜禽及水产养殖等相关生产用电，执行农业生产用电价格，优先办理所需用电服务。

（4）以扩大适度规模和标准化农业生产为主的金融信贷扶持政策。县域商业银行、村镇银行等涉农金融机构要优先满足职业农民及其兴办领办的新型农业经营主体的信贷需求。

允许职业农民以土地承包经营权、林权、农村房产等用益物权进行抵押融资，直接进行生产周期内流动资金质押贷款。

鼓励有条件的农民专业合作社成立资金互助社，开展资金互助服务，通过与金融机构合作，为职业农民生产创业融资提供担保。

对职业农民直接用于粮食等重要农产品生产且不超过100万元、期限2年以内的贷款，实行财政贴息补贴。

（5）以提高农民综合素质和农业综合集成技术应用推广为主的技术服务支撑扶持政策。深入开展农民职业技能培训，突出务农技能这个核心内容，吸引更多的青壮年农民接受培训、提高技能，提高补助标准，逐步建立职业农民免费职业技能培训制度。

积极发展农业职业教育，将骨干务农农民的农科职业教育特别是中等职业教育纳入国家职业教育免学费政策范围；扶持高等院校特别是中高等农业职业院校毕业生回乡务农创业，支持大学生村干部带头创业。

加强农民教育培训体系建设，制定并完善培训专业管理制度，完善培训课程体系，做好培训效果评估，加大资源整合和经费投入力度。

建立新型职业农民免费继续教育制度。以新型职业农民为主要对象，突出务农技能这一核心内容，开展从种到收、从生产决策到产品营销全过程的教育培训。

建立专兼职教师和专业技术人员与新型职业农民结对帮扶制度，完善以"包村联户"为主要形式的工作机制和"专家+农业技术人员+科技示范户+辐射带动户"的服务模式。

此外，构建职业农民支持扶持政策体系还包括以减少资源污染和碳排放为主的农业生态环保项目扶持政策、以确保正常生产经营活动为主维护农民合法权益扶持政策、以城乡标准基本一致为主的基本社会保障政策、以改善生产生活条件为主的城乡公共资源均衡配置扶持政策、以防御自然灾害和市场风险并能维持农业再生产为主的农业保险扶持政策等。

职业农民培育是一项全新的工作，需要政策扶持的地方很多，只能循序渐进，先急后缓，保重点、保安全，将现有的特别是新增的强农惠农富农政策向职业农民倾斜，形成清晰完整的扶持政策体系，加大支持力度，使农民不吃亏、得实惠，确保农业发展"后继有人"。

（二）保障机制

要让职业农民培育工作取得实效，主要是要充分提高职业农民身份的含金量，在工作中，除了培训到位、服务到位、认定管理到位外，还应该将各项扶持政策真正落实到位。因此要建立起一整套完善的职业农民培育保障机制，从而提高职业农民投身农业的积极性，降低农业生产的风险性，加大对农业生产的投入，使培育工作取得实效和长效。职业农民培育的保障机制主要是要建立职业农民培育的目标责任机制、投入保障机制、全程督导机制、跟踪服务机制，并通过检查督促和绩效考评，提高各部门落实政策的力度，使其执行好各项政策。

1. 建立职业农民培育的目标责任机制

目前，一些地方把农民教育培训当作"软任务"，工作措施不到位，培养效果不明显。因此，建立和完善目标责任机制，提高各级政府和有关部门的工作责任感和主动性十分必要。

一是要制定培育工作目标管理责任书。先由省政府组织，与省、市、县一起探讨并制定培育工作目标管理责任书。同时，根据职业农民培育机构的管理体制情况，由市、县两级教育行政部门与职业农民培育机构签订相应的目标管理责任书。通过目标管理责任书，将实施职业农民培育的年度目标和任务分解落实到各级政府及其有关部门以及各类职业农民培育机构。将新型职业农民培育工作列入各级政府目标责任制考核范围。把农民的知识化、职业化作为实现农业现代化的重要指标，把农民培训、考核、发证当作当前农业工作的重要任务来落实，按培训人数核算培训资金，并明确职责分工和奖惩措施，切实推动各地落实培训资金，分解培训任务，配置培训设施，加强培训管理，保证培训效果。

二是要建立农民合作组织。农民合作组织是农民抱团发展的平台，在市场经济存在各种风险的情况下，农民组织应当作为一个整体共同面对风险、解决问题，在农民个体遇到困扰时，农民合作组织应充分发挥成员之间的互助精神。要建立健全利益分配机制，既充分调动合作组织发起人、生产大户的积极性，又保护好大多数成员的利益，真正做到"民办、民营、民受益"，为职业农民培育营造良好的组织环境。

2.落实职业农民培育的投入保障机制

加大职业农民教育培训经费投入力度，将培训专项列入当地财政预算，并且随社会经济发展逐年递增。农民教育培训工作具有明显的公益性、基础性、社会性，政府公共财政应当承担主要投入责任。要按种养规模安排基层农技推广工作经费，保障农民教育培训工作长期稳定发展。当前，可以参照相关做法，明确每个受训人员的投入标准，并明确各级财政的承担比例。

拓宽培育投资渠道，建立起由政府引导，学校、企业、个人共同参与的多元化的投资体系。第一，设立专项培育资金，即各级政府在进行财政预算的过程中，将职业农民培育经费列入财政预算中，同时在增加农业投资、农业补贴、农业生产优惠贷款的同时，加大对职业农民培育的财政投入。第二，加大创业信贷支持。职业农民创业需要一定的现金补贴，政府可以出台相关政策和文件来支持职业农民贷款需求，如获得低息贷款、减免农场经营税收、购置大型农用设备资助。第三，拓宽创业融资渠道。鼓励和支持职业农民创业，帮助其拓宽融资渠道，除鼓励金融机构给予其创业的信贷支持，设立职业农民创业基金外，还应当鼓励企业主动寻找和吸引行业企业给予其资金支持。

3.建立职业农民培育全程督导机制

为有效推进职业农民培育，要建立并不断完善职业农民培育全程督导机制,将全程督导的重点放在实施职业农民培育的主要目标和任务落实情况上。

首先,要制定督导评估指标体系。根据职业农民培育工作目标管理责任书,制定相应的督导评估指标体系。通过督导评估指标体系,将实施职业农民培育的目标和任务分解落实到各级政府及其有关部门以及各类职业农民培育机构。次年,在各级教育督导部门的引领下,依据督导评估指标体系,对下级政府、有关部门及职业农民培育机构目标管理责任制执行结果进行督导评估,根据督导评估结果评分划等,进行表彰奖励。

其次,要加强过程管理,增强督导管理的实效性。按照职业农民教育培训目标和要求,建立健全职业农民教育培训管理制度,不断规范招生管理、培训管理、经费管理等。制定职业农民教育培训工作绩效评价指标体系和考核办法。建立职业农民教育培训评审专家队伍,开展职业农民教育培训质量评估。加大职业农民教育培训工作监管力度,严格教育培训质量考核过程管理,加强督导检查,确保职业农民教育培训质量和效果。

最后,要努力提高评估信度。要正确理解和科学把握督导评估指标的内涵,围绕督导评估指标确定的目标任务部署工作、指导工作,定期对下级、本级各有关部门目标管理责任制实施工作进行调度,及时掌握实施情况,对实施过程中的实际问题进行分析研究,并适时采取相应的对策和措施,及时解决问题和矛盾,促进实际工作的改进。要改进督导评估的方式方法,扩大信息来源渠道,改进评价技术,努力提高评估信度。

4.谋划职业农民培育跟踪服务机制

职业农民培育是一项系统工程,既包括培训前期的激励、保障,培训期间的管理,也包括培训结束后的跟踪服务。培训后的跟踪服务是促进培训成果转化、增强培训效果的有效途径。在大力推进职业农民培训的同时,如何做好培训后跟踪服务,进一步帮助他们在实际工作中将理论运用于实践、知识转化为能力、能力转化为成果,促进其发挥主干、示范、辐射等作用,将培训成果得以延伸和扩大,是摆在教育管理部门和培训机构面前的一项重要课题。因此,我们应根据当前职业农民培育实际,谋划职业农民培育跟踪服务机制。

(1)要健全跟踪服务制度,明确工作任务和工作责任。虽然现阶段有关于职业农民的跟踪服务的文本制度,但在实际操作中却存在管理责任不明确的问题。因此必须明确相关部门、培训者、参训学员、学校负责人等不同群体的责任和工作。首先,职业农民的跟踪服务和指导是一项系统性工作,所以培训后跟踪服务不是某个单独的部门能够完成的，需要地区之间横向协调，部门之间通力支持，要形成培训合力。其次，在学员的学习管理上，通过问卷、访谈、学习表现记录、课堂观察等方式，明确跟踪服务的内容。根据每位职业农民自己制订的职业生涯规划，量身定做跟踪服务的内容和项目，精心设计全程性的跟踪管理内容，及时了解学员生产发展中的困难和问题，采取双向联系跟踪，营造和谐的培育氛围，力争"培训一人，扶持一人，成才一人"。

（2）要制定以职业农民为本的跟踪服务计划。要打破"一厢情愿"的职业农民培育的后续跟踪服务机制。应以职业农民为中心，以满足学员的需求为出发点和归宿，对每位参训后学员都要设立"量身定制"的跟踪服务。针对性地为参训学员建立个性化档案，实施有的放矢的后续培训。根据学员在培训时的评价等级以及其所处的不同发展阶段、不同发展方向，对参加培训学员建立个性化的信息资源库以实现学员的近期目标和终身发展为目标，使学员在不同的专业发展阶段都能得到所需要的服务。

（3）要完善学员在职业农民培育的后续技术支持和相关社会服务体系。为方便了解职业农民的情况，相关部门和培训机构应根据事先制订的计划，通过"面对面"和在线学习相结合的混合模式实现跟踪服务渠道的双向畅通。同时定期开展"问题解决式"的学员与学员之间、学员与专业技术人员之间的探讨活动。譬如，可以每月针对学员在创业过程中出现的问题开展研讨活动。在活动中，除了要进行传统的教研课之外，各专家及学员还必须就自己在农业实践过程中处理该问题时的相关经验进行讨论，拟定解决问题的方案。

在实施阶段，为方便学员在实践和创业过程中工作的顺利进行，要进一步强化社会服务体系建设，包括工商税务、融资保险服务体系，农资供应、农机和植保服务体系，科技指导和管理咨询服务体系，市场配套服务体系，以提高职业农民的规模效益、劳动生产率和抗风险能力，尤其是目前最欠缺的农业管理咨询服务体系和市场配套体系。职业农民特别是高素质职业农民最需要帮助的是品牌建设、项目设计开发、理财咨询、风险评估、经营诊断、市场调研等。服务体系中的有偿服务体系要逐步完善法规和行规，提供合理规范的协议合作服务。

（4）要定期评价职业农民培育的跟踪服务的质量并不断发现不足之处。评判职业农民培育的质量好坏，首先应该让学员进行评价。学员是职业农民培育的培育对象，跟踪服务的内容和方式与学员工作是否相结合，是否真正有助于学员的实际工作，学员是最有发言权的。其次是各个负责单位和个体通过跟踪服务，评价学员的态度是否有所变化、理论是否联系实际并运用于实践，学员是否在创造性地从事自身的职业活动，对自身的发展是否起到激励作用。在学员评价跟踪服务和各部门个体评价学员之后要及时找出差距并研究改进策略，要对跟踪服务过程中出现的问题进行处理，对经验进行归纳，并建立档案，作为以后可资借鉴的宝贵财富。同时对整个跟踪服务的方案培训课程的设置、培训者的选择以及服务的方式进行科学性和合理性的认证，将有待解决的问题转入下一个循环，作为下一阶段计划制订的起点和依据。

第三节 职业农民的培育路径

一、实施职业农民培育工程

为确保职业农民培育工作健康持续发展，原农业部于2013年先后下发了《农业部办公厅关于新型职业农民培育试点工作的指导意见》和《农业部关于加强农业广播电视学校建设加快构建职业农民教育培训体系的意见》等文件，推动了培育工作向规范化、制度化方向发展。通过职业农民培育工程的实施，推动农民教育培训从"培训"向"培育"转变，从"办班"向"育人"转变，从培训过程考核向绩效考核转变，从传统培训向现代化、信息化培训创新转变，提高农民的综合素质和生产经营能力，促进农民由"身份"向职业转变，巩固壮大现代农业生产经营者队伍。

（一）目标任务和基本原则

1.目标任务

职业农民培育工程主要有三项目标任务：

一是构建职业农民队伍。以服务现代农业产业发展和促进农业从业者职业化为导向，着力培养和构建一支有文化、懂技术、会经营的新型职业农民队伍，为发展现代农业提供强有力的人才支撑。

二是探索建立培育制度。适应现代农业发展要求，建立适合我国国情的职业农民培育制度，通过教育培训提高职业农民的综合素质和生产经营水平，通过规范管理引导农民走上职业化发展道路，通过政策支持提高职业农民的自我发展能力。

三是建立健全培育体系。充分发挥各级农广校（农民科技教育培训中心）的作用，创新运行机制，统筹利用好农业职业院校、农技推广服务机构、农业高校、科研院所等公益性教育培训资源，并积极引导农民合作社、农业企业、农业园区等社会化教育培训资源参与培育工作，构建职业农民培育体系。

2. 基本原则

职业农民培育工程坚持以下基本原则：

一是坚持政府主导。职业农民培育具有公共性、基础性和社会性，要坚持政府统筹协调，制定扶持政策，加大经费投入，改善培育条件，营造良好氛围。

二是坚持市场机制。发挥市场在资源配置中的决定性作用，尊重农民意愿，满足农民需求，调动农民参与培育的积极性；建立各类主体参与培育的有效机制，增强培育活力，规范培育行为，提高培育质量。

三是坚持立足产业。把服务现代农业产业发展作为培育新型职业农民的出发点和落脚点，围绕农业供给侧结构性改革工作主线，以绿色发展为导向，以提质增效和农民增收为目标，着力培育壮大新型农业经营主体，加快推进农业转型升级，促进主导产业、特色产业和优势产业做大做强。

四是坚持精准培育。着眼构建职业农民队伍，科学遴选培育对象，分产业、分类型、分层级、分模块实施教育培训，强化跟踪服务、政策扶持和规范管理，把职业农民培养成建设现代农业的主导力量。

（二）培育方式有效创新

职业农民培育工程实现了四个方面的创新。一是理念创新。推进"培训"到"培育"观念的转变。从只通过培训传授知识和技能，转变为通过教育培训、规范管理和政策扶持，让工作覆盖职业农民成长的全过程，为培育对象创造良好的成长环境和创业发展条件。二是方式创新。推进从"办班"到"育人"的转变，采取适应成人学习和农业生产规律的"分段式、重实训、参与式"培育，推广"一点两线、全程分段"培训方式，围绕产业发展，以生产技能和经营管理水平提升为主线，实施分段集中培训、实训实习、参观考察和生产实践，实现产业周期全程覆盖。同时，大力推行农民田间学校和送教入乡模式，提高培育参与性、互动性和实效性。三是管理创新。推进从培训过程考核到绩效考核的转变，建立了科学合理的考评机制，培训过程不再是考核的重点，而是将培训过程、产业发展与培育对象的满意度作为衡量培育效果的综合指标，使培训效果看得见、摸得着。四是手段创新。推进从传统培训到现代化、信息化培训的转变，构建全国农业科教云平台，建立职业农民培育对象、师资、教材、基地、认定等基础数据库和服务数据库，为职业农民提供在线教育培训、移动互联服务、在线管理考核和全程跟踪服务。

（三）培育一大批职业农民

一是一批怀揣创新创业梦想的新农人加入职业农民队伍，成为推动现代农业转型升级的引领力量。各地加大对青年农场主的培养力度，现代青年农场主培养计划已经成为吸引广大青年务农创业的品牌计划。目前全国的新农人已成为一支引领现代农业发展的新生力量。

二是一批扎根农村、经验丰富的老农人转观念、长技能，领办兴办新型农业经营主体，成为稳粮增收的基础力量。随着各地培育工作深入推进，一大批长期从事农业生产的老农民找到了发展方向，实现了华丽转身。

三是一批高素质、有学历的知识青年加速成长，即将成为推动农业可持续发展的新生力量。各地深化农业教育教学改革，储备培养了一批高学历的未来农民，农业后继有人。

二、加大培育资金投入、加强师资建设

（一）加大培育资金投入

1.建立和完善职业农民培育工程资金投入体系

前文通过对职业农民培育所面临的挑战进行分析得出，由于缺少多元化培训资金投入体系，培训资金投入难以满足需求，这制约了培育工程的长远发展。为充分满足职业农民的培训需求，可将农民中等职业教育纳入免学费政策范围。建立职业农民培育资金随动机制，根据每年的培训任务目标灵活确定经费预算，并借鉴农业发达国家的做法，给予农民培训独立立法，出台一部专项法规，明确政府对发展农民培训的责任、投资渠道，使培训补贴制度化，优化职业农民培育的政策环境，进一步推动我国职业农民培训健康发展。此外，号召社会力量参与投资，寻求与农业龙头企业、社会金融机构的合作，构建多元投资渠道，形成长效投入机制。

2.落实职业农民扶持政策

首先，农业补贴政策要进一步向职业农民倾斜，以增强职业农民自主开发

能力。省财政积极支持职业农民培训，市、县根据培训需要安排必要的资金，支持培训活动。其次，强化金融扶持，加强农民对培训活动的支付能力。加强农产品补贴政策研究，探索实施职业农民农村土地经营权和住房产权抵押贷款项目。金融机构可以开展适合职业农民的信贷和联合担保等信贷业务，如"金农贷""富农贷"，通过适当的利率优惠，以降低融资成本。最后，保险机构可以为职业农民的生产提供创新性农业保险服务。

（二）加强师资建设

1. 加强对入库教师的任用、培养和管理

省农广校制定职业农民培训师资库建设方案，专兼职教师结合，共享教育资源。分级建立职业农民培育师资队伍，科学调配教师资源，师资配备品牌化，原则上从入库师资中选派教师开展培训指导、创业孵化和跟踪服务。建立"有为才有位"的用人机制，在现有师资库和业内知名培训师中挑选培训教师时需满足以下两个条件：培训教师的主要学术研究方向或工作领域与培训内容直接相关；培训教师能够保证时间、精力和热情长期为培训学员提供跟踪服务，为他们解答生产过程中遇到的各种问题。此外，可聘任科学院研究所的资深专家担任首席培训师，对培训项目的开展提供战略指导。

2. 组建学科组，实施职业农民教育师资培训计划

培育师资的专业知识储备深度与广度是培训效益的重要影响因素，因此培训的质量需要依靠懂业务、懂教学、懂管理、能上讲台、能写教案、能编教材的中坚师资力量来保证。要针对农广校基层骨干师资定期开展系统性示范培训。组建省级学科组，以增强授课能力和提升培训水平为目标，重点围绕培育工作、培训方法和专业知识三个教学模块，举办研修班，对骨干教师进行培训。注重培养"双师型"教师，定期开展教学竞赛，如讲课能手评选、多媒体课件制作比赛、微课程示范课评选等，对获奖作品和教师进行表彰，以激励广大培训教师不断提升科研能力与授课水平。

3. 加强教师绩效考核

建立培训教师绩效考核体制，组织抽查性听课，检查教学计划和作业，旁听实践教学，依据考核结果进行培训师资职称评比，确定工作资金补贴。通过教学督导制度，定期召开师生座谈会，开展评价活动，定期淘汰吃"经验饭"的老专家，充分调动培训教师的工作积极性，提高其责任意识。

(三)提高培育组织工作效率

1. 强化"一主多元"的培育体系

职业农民培育工作已基本形成以农广校为主,市场资源共同参与的"一主多元"培育体系。农广校主要提供职业教育、职业培训等不同层次的教育培训服务,市场主体和多方资源主要提供实践性教学服务。现实中虽然有各类农广校、农业职业技术学校、涉农高校等多个主体参与职业农民培训,但各培训主体间缺乏有效的沟通,合作机制不完善,各自为政,甚至出现利益博弈现象。因此,应强化"一主多元"培育体系,明确农广校主体地位,建立多元主体协同参与办学的培训机制,通过政策上和技术上的鼓励,加强职业农民和农业企业利益链条的一致性,促使农业企业和学员在生产上互帮互助。

首先,农广校是开展农民培训的主要阵地,通过改善农广校基础服务能力条件,实现在农民培训服务领域的全覆盖。农广校负责职业农民培育的基础调研、教学规划编制、管理服务等具体事项,打造职业农民培训的指导中心和服务中心,搭建多元化职业农民培育平台。

其次,各级农广校发挥组织协调与基础服务功能,整合培训资源,集聚吸纳各类农业院校参与培育工作,满足职业农民的实践性学习需求。在充分发挥农广校的作用同时,促进公益性机构与示范性农民合作社、农业产业化企业、农业示范园区等社会力量加强合作,探索建立有效的合作机制或模式,依托这些社会力量的产品、技术、服务和区位优势,进一步提供实习实践、科技指导、技术支持、创业孵化服务,深化农业科技成果转化和推广应用,全面增强职业农民的专业技能。整合共享教育培训资源,支持民营企业投资农业科技领域,彼此共建农业技术工艺和农产品开发中心、实验实训平台、技能大师工作室等,促进职业农民教育和农业产业链的有机融合。

最后,引导农业行业组织增强指导能力。发挥农业行业组织在建立健全行业人才需求预测机制、行业人才规格标准和行业职业教育专业设置改革机制等方面的指导作用。定期与各农业职业院校商讨并制定涉农专业教学标准,共同设计农业人才培养方案,建立行业对职业农民培训专业建设质量监控体系,及时发布行业急需紧缺人才目录。

2. 明确职责分工,加大培育工作推进力度

做好组织管理工作是确保各类培训顺利实施的前提和基础。省农广校设立地区培育指导站,统筹全省培育工作开展,协调各类资源,凝聚培育合力。省

校统一制定教学与考核管理办法,对招生注册、教学计划设计、培训质量绩效评估进行规范。农广校分校在省统一管理标准的基础上,细化培训任务,制定培训责任清单,将培训过程管理、培训内容要求、培训时间节点一一明确。

只有充分调动农民培训主管部门的积极性,才能提高培训组织工作效率。因此,将职业农民培训的成效纳入培训主管部门、主管领导的绩效考核范围,并以此为基础进行部门评优和个人晋升,增强各部门联合推动培训的积极性。

三、构建职业农民培养体系

职业教育和职业培训是提高农民科技文化素质、职业技能水平和经营管理能力的根本措施,是培育职业农民的重要基础。没有教育培养,就很难产生真正意义的职业农民。经过多年的发展,农民职业教育和农民培训相互交融、相互促进,取得了显著成效。

(一)职业农民教育培养主体机构

在职业农民教育培养中,目前已初步形成了以农业广播电视学校、农民科技教育培训中心为依托,以农业技术推广机构、农业职业院校、农业科研院所、县级职教中心和乡镇农民文化技术学校为补充,农民合作组织、农业企业、家庭农场等市场主体广泛参与的职业农民教育培养格局。

1. 农广校

中央农广校是农业农村部直属的全国性的农民教育培训专门机构,其主要通过信息化手段和全国性组织体系大规模开展农民教育培训和农村实用人才培养,被誉为全世界最大的农民学校。2015年6月,农业农村部印发《关于统筹开展新型职业农民和农村实用人才认定工作的通知》,明确农广校(农民科技教育培训中心)等公共服务机构作为承办机构,具体负责受理审核、建档立册、证书发放、信息库管理及相关组织服务等认定事务,确保认定工作的规范开展。各级农广校以培育职业农民为己任,积极做好需求调研、对象遴选等培育基础工作和认定管理具体工作,积极承担项目培训任务。职业农民培育工程实施以来,农广校体系承担的培训任务占总任务的60%以上。目前农广校体系正积极打造职业农民培育基础工作平台、资源集合平台和教育培训平台,积极发挥职业农民教育培训的主体作用,建立以农民合作社等为依托、广泛覆盖现代农业产业的农民田间学校,使农广校自上而下的线性体系在产业上实现网格化覆盖。

2.农民科技教育培训中心

依托各级农广校建立的农民科技教育培训中心，是支撑和服务各级农业行政主管部门农民教育培训工作的职能机构。目前，全国建立了多所中央、省、市、县四级农民科技教育培训中心，绝大多数挂靠在农广校。各级农民科技教育培训中心在统筹协调和利用各种教育培训资源，组织实施农民教育培训项目等方面发挥了重要的作用，成为连接农业行政管理部门与各类农民教育培训机构的桥梁和纽带。原农业部于2013年印发的《农业部关于加强农业广播电视学校建设加快构建新型职业农民教育培训体系的意见》要求，各地要继续完善中心建制，加强中心职能建设，在农业行政主管部门领导下，承担农民教育培训统筹规划、综合协调和指导服务职能，使其成为当地农民教育培训的研究中心、指导中心、服务中心和宣传中心。

3.农业技术推广机构

我国农业技术推广机构主要包括农业部门下属的种植业、畜牧业、水产业、农业机械服务和农业经营管理五大服务机构和林业局所属的林业科技服务机构。全国设有较多农业技术推广机构和乡镇农业技术推广机构。农民培训是农技推广机构推广项目的重要手段，主要目的是推广新技术，解决生产中的现实问题。各级国家农业技术推广机构属于公共服务机构，主要履行各级人民政府确定的关键农业技术的引进、试验、示范和农业公共信息与农业技术宣传教育、培训服务等公益性职责。农业技术推广机构履行上述职责，必然要通过宣传教育和培训服务让农民接受新理念、新知识、新技术和新要求，其履职行为与职业农民的培育工作紧密相关。

4.农业院校

农业院校主要包括农业大学、高等农业职业学院和中等农业职业学校，其主要职责是培养农业科技人才、农业经营管理人才、农业技能人才和未来的新型职业农民。全国的涉农高等院校、涉农高等职业学院、农业中等职业学校，是培养未来职业农民的主要阵地。在把青年学生培养成未来职业农民的同时，农业院校发挥自身在师资、教学设施、实验实习基地等方面的优势和社会服务功能，通过开展成人教育、继续教育和实施农业技术推广项目等形式开展农民教育培训，为培养农业人才和提高农民科技水平做出了积极贡献。在新型职业农民教育培训中，它们既直接承担教育培训任务，又是师资的重要来源，还是师资培训的重要基地。

5. 县区职教中心和乡镇农民文化技术学校

县区职教中心的主要职能是开展学历教育、继续教育、职业资格培训、技能培训和岗前培训等，为农村初中、高中毕业生和广大农民提供职业教育和培训的机会。乡镇农民文化技术学校的主要任务是积极开展农民思想政治教育、文化教育和科学技术教育，特别是开展实用技术培训，大力促进农业科技成果的推广与应用。很多县区职教中心和乡镇农民文化学校充分发挥自身优势与作用，已经成为农村人才培训、生产示范、技术推广和咨询服务的综合性、多功能的成人教育培训中心，成为当地农科教结合的综合服务组织的重要部分。在职业农民教育培训中，县区职教中心和乡镇农民文化技术学校是一支重要力量。

6. 农业科研院所

农业科研院所是农业科学技术研究、试验、示范、推广的专业机构。目前，全国地级以上农业科研机构广泛设立。多年来，我国各级农业科研院所在组织开展农业重大科技攻关研究的同时，还利用科研示范基地，组织引导广大科技人员深入农业生产第一线，开展技术开发和技术培训服务，为提高农业的质量效益和推动农业科技进步做出了积极贡献。在新型职业农民培育中，农业科研院所是一支重要力量，主要表现在三个方面：一是农业科研院所的科研人员是职业农民培育师资的重要来源；二是农业科研院所的科研示范基地是职业农民培训重要的现场教学基地；三是农业科研院所的科研成果是职业农民教育培训的重要内容。

7. 市场化主体

农民合作社、农业企业、家庭农场等市场主体是职业农民培育的重要参与力量。农民合作社、农业龙头企业和家庭农场等市场主体在职业农民培育中虽然不是主体力量，但发挥着不可或缺的作用。职业农民培育的重点对象是农民合作社带头人、农业企业生产经营骨干和家庭农场主；职业农民教育培训的内容是这些市场主体在生产经营中需要的知识和技术，培训的目的是要解决这些市场主体生产经营中的实际问题，提高其生产经营效益；职业农民现场教学基地建在这些经营主体中，是这些市场主体的生产经营场所。因此，农民合作社、农业企业、家庭农场等市场经营主体不仅是职业农民培育的重要参与者，也是职业农民培育的主要受益者。

（二）职业农民培养体系的构建

1.建立配套的务农农民与农业后继者教育培养制度

加快建立包括务农农民教育培养和农业后继者教育培养的配套制度具有充分的必要性与紧迫性。

一是建立务农农民教育培养制度。务农农民是现实的农业生产经营主体，他们的科学文化素质、技能水平和经营能力直接决定着农业生产力水平，应大力发展面向务农农民的免费农科职业教育特别是中等职业教育和农业系统培训，尽快提升农民的科学文化素质、技能水平和经营能力，把具有一定文化基础和生产经营规模的务农骨干农民加快培养成具有职业农民能力素质的现代农业生产经营者。关键是要建立务农农民农科职业教育特别是中等职业教育免学费制度，并对误工、误餐等进行补助，通过实行农学结合、弹性学制，采取送教下乡等教育模式，鼓励和吸引务农农民参加农科学历教育，培养具有农科中高等职业教育水平，具有与现代农业发展需要相适应的科技文化素质、技能水平和经营能力的职业农民。

二是建立农业后继者教育培养制度。随着农民职业化的发展，职业农民队伍将逐渐稳定，因此只有培养一代接一代爱农、懂农、务农的职业农民，才能保证农业后继有人。首先要建立青年农民扶持制度，对回乡从事农业生产经营和在农业领域进行创业的农业院校（特别是中高等农业职业院校）毕业生，在就业补贴、土地流转、税费减免、金融信贷、社会保障等方面给予扶持，鼓励、引导、吸引农业院校学生到农业领域就业创业，使其成为职业农民。其次要建立农业院校定向招生支持制度，对定向招录农村有志青年特别是种养大户、家庭农场主、合作社领办人等子女的"农二代"的农业院校，在生均拨款、实训基地建设等方面给予倾斜，鼓励和支持农业院校设立职业农民学院或办好涉农专业，为培养新生代职业农民创造条件。

2.建立职业农民教育培训目标责任机制

职业农民教育培训应该为农业现代化建设服务，与农业劳动力发展水平相适应，与农业生产方式相协调，服从和服务于农业农村经济建设，促进社会结构平衡和全面进步，适应广大农村发展水平，满足农民劳动致富的需要。在国外经验中，教育培训主体的市场化提升了教育培训成果的多元化和需求适应性，我国也在近些年不断吸引各类主体参与职业农民培育计划，为资金投入、教育资源建设、就业渠道拓宽等提供多方保障。但是，由于现阶段我国农民总量规模大,农业处于由传统农业向现代农业转型的关键时期,稳定、可持续发展具有重大战略意义,因此,对农民教育培训的公共性、普适性和持续性提出了客观要求,教育培养体系建设应以下两点内容为实施重点。

一是国家应明确农民教育培训事业的公益性定位。要求各级政府明确农民教育培训专门机构的公益性属性和职能,将农民教育培训经费纳入各级财政预算,加强领导,加大投入,使农民教育培训主体机构能保持稳定发展和充分行使职能。

二是要加快建立教育培训目标责任机制,保障教育培养工作的落实、稳定与持续。目前,一些地方把农民教育培训当作"软任务",工作措施不到位,培养效果不明显,缺乏职业农民成长的社会氛围。因此,提高各级政府和有关部门教育培养职业农民工作的责任感和主动性十分必要。近年来,一些地方在这方面进行了成功探索。很多县市把农民培训当作当前农业工作的重要任务来落实,按培训人数核算培训资金,农民培训工作的人力、物力、财力投入大幅增加,取得了明显成效。江苏等地把培育职业农民列入国家发展规划指标,把培养任务和持证职业农民数量纳入各级政府的综合考核指标,切实推动各地落实职业农民教育培训资金、设施和管理措施,保证培训效果。

3.强化产业部门对职业农民教育培养的支撑作用

培养职业农民,就是培养专业农民,就是培养适应农业产业化发展的现代农业生产经营主体。产业是成长中的职业农民接受教育培训的载体,也是成熟职业农民参与工作与实现自我发展的摇篮。农业生产经营本质上具有区域性、产业性差异,做好职业农民的教育培训工作,需结合现实生产实际,立足于在发展产业中催生职业农民,在职业农民培育中发展产业,形成职业农民的培育与产业发展壮大的良性互动,以区域性产业化教育培训为目标,强化产业部门的支撑作用。

一是要将职业农民教育培训与产业发展规划相结合。农民教育培训要接地气。一方面,培养职业农民,应与产业发展规划相一致,与产业发展的劳动力总量需求与结构性需求相适应,以满足现代农业发展对农业农村人才的需求为出发点,立足我国现代农业产业布局和各地农业发展实际,将培养内容与地方主导产业紧密结合,围绕各地现代农业发展急需的关键技术、经营管理知识及市场信息等开展教育培训,同时开展思想道德和文化素质培养,全面提高农民综合素质。另一方面,教育培训工作要立足优势产业,将专业大户、家庭农场主、农民合作社领办人、农机手、农技人员作为重点培养对象,加强其技能培训，发挥其示范带头作用，使其引领产业发展。

二是要以产业发展政策支撑职业农民教育培训工作的实施。强有力的政策保障是影响职业农民教育培养的重要外生因素，对教育培养工作的实施环境与推进力度有着重要作用。产业发展政策的制定与实施力度直接决定了产业发展能力与水平，决定了产业与职业农民的吸引力与培养要求。在职业农民教育培训工作中，要以产业为落脚点，明确职业农民与新型经营主体、主产区、标准化生产间的协同关系，以职业农民为依托，一方面充分发挥现有补贴、倾斜、支持、扶持等产业发展政策的促进作用，留住种地的人，另一方面将职业农民教育培训上升到产业发展必备人才的战略高度来执行，不断引导新的产业发展政策直接向职业农民倾斜。

三是教育培训应始终以产业发展对农民素质的根本要求为出发点。宏观来看，职业农民的教育培养不能一概而论，更不能以偏概全，农业生产和农民自身素质基础的差异性要求对培养对象进行分类；微观来看，就是要分产业研究，针对性地提出职业农民能力素质要求，探索适宜职业农民需求的教育培训新模式。以增加边际生产率为原则，削减劳动力要素流动对农业生产的制约影响，客观要求劳动力要素按照产业链需求进行学习与培训，继续深入开展专业化培训，主抓产业发展中的关键技术，并在此基础上增加产业培训课程，主抓产业发展中经营、管理等关键环节，使职业农民真正成长为有文化、懂技术、会经营的现代农民。

4.构建"一主多元"职业农民教育培训系统

为全面提高新阶段农民教育培训服务能力，加快构建以农广校为基础依托的"一主多元"职业农民教育培训体系，农业农村部于2013年7月印发《农业部关于加强农业广播电视学校建设加快构建新型职业农民教育培训体系的意见》，提出如下意见。

（1）大力培育职业农民是关系长远、关系根本的基础性、战略性重大工程。

①培育职业农民意义重大。随着我国农村劳动力特别是青壮年劳动力持续大量转移，"谁来种地""地如何种"已成为现实而紧迫的重大问题。大力培育以农业为职业、具有一定的专业技能、收入主要来自农业的职业农民，是培养和稳定现代农业生产经营者队伍的必由之路。职业农民作为新型生产经营主体和现代农业从业者，是构建新型农业经营体系的基本细胞，是发展现代农业的基本支撑，是推动城乡发展一体化的基本力量。各级农业部门要把培育职业农

民作为重要职责和基本任务,将其贯穿于现代农业建设全过程,持续提供人力资源支撑和人才保障。

②教育培训面临长期繁重任务。培育职业农民是系统工程,要坚持"政府主导、农民主体、需求导向、综合配套"原则,建立完善教育培训、规范管理和政策扶持相互衔接配套的制度体系,大力培养综合素质高、生产经营能力强、适应现代农业发展要求的职业农民。在我国这样的农业大国加快发展现代农业,需要培养数以亿计涵盖农业产前、产中、产后,包括生产经营型、专业技能型和专业服务型的职业农民,需要加强农业后继者培养和职业农民经常性培训,这一任务十分繁重,必须长期坚持。

③加强体系建设要求十分迫切。面对规模大、层次高的职业农民和农村实用人才培养战略任务,我国农民教育培训资源特别是优质资源、教育培训体系等还存在一些问题,教育培训机制不完善,缺乏有效激励和硬约束,迫切要求加强农民教育培训体系建设。

(2)加快构建以农业广播电视学校为基础依托的职业农民教育培训体系。

①加强农民教育培训主体建设。各级农广校是我国农民教育培训公共服务机构,是公益性农业社会化服务体系的有机组成部分,是农业部门开展职业农民教育培训和农村实用人才培养的主力军。各级农业部门要积极争取当地党委、政府和有关部门支持,把加强农广校建设纳入农业社会化服务体系统筹推进,进一步巩固农广校农民教育培训主体地位,改善公益基础设施,完善公共服务条件,使其更好地履行农民教育培训、农村实用人才培养、农业技术传播和科学普及等公共服务职能,为构建职业农民教育培训体系提供基础依托。

②保持和稳定系统办学特色。各级农广校是以资源共享为纽带的不可分割的有机整体,具有系统办学的鲜明特色和独特优势。在教育体制改革和事业单位分类改革中,要加强对农广校的组织领导和业务指导,加强与相关部门的沟通协调,强化公益性事业单位性质,保持农广校由农业部门主管的体制不变、公益性事业单位的性质不变、独立设置的办学格局不变;稳定办学队伍,强化办学特色,发挥办学优势。

③构建"一主多元"体系。坚持"政府主导、行业管理、产业导向、需求牵引"原则,聚合优势资源,形成以农广校、农民科技教育培训中心等农民教育培训专门机构为主体,以农业科研院所、农业院校和农技推广服务机构及其他社会力量为补充,以农业园区、农业企业和农民专业合作社为基地,满足职业农民多层次、多形式、广覆盖、经常性、制度化教育等职业农民教育培训体

系的培训需求。

④建立完善多元参与协作机制。充分发挥各种农民教育培训资源的作用，鼓励和支持相关机构积极参与农民教育培训，形成大联合、大协作、大教育、大培训格局。进一步强化农业科研院所、农业院校的社会服务功能，鼓励结合科研、教学和推广服务开展农民教育培训。创新农业推广服务方式，支持农技推广服务机构把农民教育培训融入试验示范、成果转化和技术推广中，提高广大农民的技术承接和应用能力，促进农业园区和农业企业发挥产业化经营优势，完善农民教育培训设施条件，建立农民教育培训现场教学和实训基地。农民专业合作社集农民教育培训对象、内容和需求于一体，是农民教育培训服务农业产业发展的有效结合点，要加大对专业合作社参与农民教育培训的扶持力度，组织农民参加教育培训。

（3）以进一步增强教育培训服务能力为核心加强各级农广校建设。

①进一步明确职责任务。适应农民教育培训改革发展要求，明确和落实农广校职责任务，大力培养职业农民和农村实用人才。继续巩固农广校学历教育，积极支持农广校发展农民中等职业教育。实行"农学结合"弹性学制，采取"送教下乡"教育模式，加强教学班（点）建设，实施规范办学，深入推进"百万中专生计划"，扩大人才培养规模，提高人才培养质量。规范开展中专后继续教育和合作高等教育。结合实施"双证制"，深化职业技能鉴定工作。

积极支持农广校充分利用现代传媒广泛开展农民普及培训，紧密结合农时季节和关键环节大力开展农业实用技术培训，重点抓好一年一度的冬春大培训。重点承担好职业农民培育工程等国家和各级农民培训项目任务，积极承担农技人员知识更新、农村实用人才带头人、大学生村干部、农民专业合作社负责人、农业企业管理人员等培训任务，深入开展"绿色证书"培训。

②加强办学队伍建设。积极争取有关部门支持，落实人员编制，建立与职能任务和办学要求相适应的农广校专职办学队伍。选齐配强校级班子，选配具有农科大专及以上学历的专业人员充实专职教师队伍，完善专职教师职称评聘办法，改善专职教师待遇，提高其收入水平。探索建立农民教育培训导师团和绩效考核激励制度，吸引农业科研院所、农业院校、农技推广机构专家教授和技术人员、农业企业管理人员、优秀农村实用人才担任兼职教师，建立数量充足、结构合理、素质优良的兼职教师队伍。实施师资队伍建设工程，以提升能力为核心对各级校长、教学管理人员、专兼职教师开展轮训。

③切实改善设施条件。根据农广校办学特色和农民教育培训需求，积极推

进"空中课堂""固定课堂""流动课堂""田间课堂"一体化建设。加强农广校建设战略研究，编制专项建设规划，明确建设布局和建设内容，研究制定各级农广校设置标准，积极争取各级政府部门支持，提升办学条件和教育培训水平。

④继续加强农民科技教育培训中心建设。依托农广校建立的农民科技教育培训中心，是保障和服务各级农业行政主管部门农民教育培训工作的职能机构。各地要继续完善中心建制，加强中心职能建设，在农业行政主管部门领导下，承担农民教育培训统筹规划、综合协调和指导服务职能，使其成为当地农民教育培训的研究中心、指导中心、服务中心和宣传中心。

（4）努力形成重视支持和办好用好农广校的长效机制。

①加强组织领导。农广校由农业、教育、组织、人社、财政、发展改革、广电、共青团、妇联等多部门联合举办，要进一步健全联合办学领导体制机制，及时研究解决农广校建设发展和作用发挥等重大问题。各级农业行政主管部门要切实加强组织领导，把农广校各项工作纳入当地农业农村经济发展规划，列入农业农村部工作计划、摆上议事日程，建立抓落实的绩效考核责任机制。

②落实经费保障。积极争取各级财政部门支持，根据农广校公益性农民教育培训内容、项目及涵盖人群核定工作经费并纳入财政预算。涉及农民教育培训和农村实用人才培养的工程项目，要充分发挥农广校的教育培训能力和主体作用，予以优先安排、重点支持。要积极争取将农广校农民中等职业教育全面纳入免学费及国家助学政策，加快培养职业农民。

③营造发展氛围。加强对农民教育培训基础性、公共性、社会性和重大战略意义的宣传，形成领导重视、政府支持、社会关注的氛围；加强对新型职业农民典型特别是科技致富、创业兴业学用典型的宣传，形成教育有用、培训有效、学习有为的氛围；加强对农广校教育培训特色优势和办学成果的宣传，形成办好、用好、发展好农广校的氛围。

5.构建县域职业农民教育培训网络体系

职业农民教育培养具有系统性、长期系的特征，不仅要依靠主体建设，还要依靠联合机制充分融合各类教育培训要素，发挥各种农民教育培训资源的作用，鼓励和支持相关机构积极参与农民教育培训，不断整合师资、设施、教材、培训途径、管理方法等资源，一方面做到取长补短，另一方面以乘数效应互相促进，形成大联合、大协作、大教育、大培训格局。一是进一步强化农业科研院所、农业院校的社会服务功能，鼓励结合科研、教学和推广服务开展农民教育培训。二是创新农业推广服务方式，支持农技推广服务机构，把农民教育培训融入试验示范、成果转化和技术推广中，提高广大农民的技术承接和应用能力，三是促进农业园区和农业企业发挥产业化经营优势，完善农民教育培训设施条件，建立农民教育培训现场教学和实训基地。四是加大对农民合作社参与农民教育培训的扶持力度，组织农民参加教育培训，充分利用农民合作社集农民教育培训对象、内容和需求于一体的多效平台，将农民教育培训与农业产业发展事业有机结合起来。

当前农民教育培训机构众多、力量不均、资源分散，考虑到职业农民教育培训是一种具有特定培养对象、特定教育培训内容和特定培养目标的特殊教育，且教育培训主要与产业、县域有关，因此应在农业行政主管部门领导下，建立"行业主导、适应需要、服务基层、灵活高效"的农民教育培训服务体系运行机制。强化县级农业部门的指导引领作用，明确各类教育培训机构的功能定位，加强教育培训资源优化配置，在政策项目、资金投入、队伍建设、人才培养以及信息交流等方面，充分发挥各类农业教育培训资源的优势和作用，构建适合当地"1+N+X"的县域职业农民教育培训网络体系。

"1"即一个农民科技教育培训中心，依托农广校建立，是保障和服务各级农业行政主管部门农民教育培训工作的职能部门。其在农业行政主管部门领导下承担农民教育培训统筹规划、综合协调和指导服务职能是农民教育培训的研究中心、指导中心、服务中心和宣传中心。

"N"即若干个主体教育培训机构，如农广校、中等农业学校、农业职业院校、职教中心、农机校、农技推广机构等，不同地区"N"的个数有所不同，可以有1个主体机构，也可以有2~3个主体机构，但共同点是主体机构优势突出，其他机构差异互补、错位发展。

"X"即建在产业链上的教育基地包括农业园区、农业企业、农民合作社等，这些社会资源在实现自身盈利、推动县域产业发展的同时，也应承担为本县职业农民提供教育培训实训服务的责任和义务，对此可由县级行政部门统筹协调解决。将职业农民实训基地直接建在农业园区、农业企业、专业合作社，避免了教育培训机构建立实训基地重复投资、运转不畅、与实践脱节等问题，促进了实训与产业对接，有效提升了职业农民教育培训质量。

6.加强教师队伍建设

教学质量的提高不仅在于硬件建设，师资队伍水平更为关键。要办农民满意的教育培训，必须走内涵式发展道路，努力打造一支师德高尚、业务精湛、结构合理、充满活力的高素质师资队伍。目前，农民教育培训师资水平还不能满足职业农民教育培养的要求,师资的培训要严格按照农业产业化、学科综合化的要求来进行。在教师配备上,要采取"双师制"教学模式,既要配备专业理论课教师,又要配备具有相当实践经验的、具有较高技术水平的农业技术教师,使专业教师的理论知识与农技教师的实践经验互为补充,从而建立一支数量充足、结构合理、专兼结合的高素质职业农民教育队伍。相关大学要为培养具有综合素质的职业农民教育输送师资人才,提高现有农民教育教师的综合素质。要加强教师知识更新培训,鼓励教师继续深造,通过开展岗位练兵、教学竞赛等形式,不断提高教师教学能力和教学水平。

全国职业农民培育师资库信息管理平台包含师资申报系统和师资库信息管理系统两部分,由中央、省、地、县农业部门共同建设、使用、管理和维护。要求各地农业部门要积极组织和动员各级各类教育培训机构、农业院校、科研院所、技术推广单位、行政管理部门以及专业大户、家庭农场、农民合作社、农业企业、农业园区等推荐优秀教师、专家和人才参与职业农民培育工作,申报加入师资库,积极承担教育培训、技术指导和跟踪服务等工作;充分利用职业农民培育师资库信息管理系统了解入库师资信息、聘请优秀师资开展教育培训指导服务和开展教学评价工作。

县级师资队伍主要承担当地职业农民教育培训和跟踪服务等任务。各县要根据本地职业农民培育任务,明确师资队伍建设的安排和要求。专业技术师资主要从本地推广人员中选聘,也可以从产业技术体系、科研教学单位、农业企业、农民合作社、专业大户、家庭农场中聘请;通用知识师资主要从教育培训机构、农业院校、科研推广单位、行政管理部门中聘请。

省、地(市)师资队伍主要承担当地示范性培训任务或高端培训,受邀到基层开展培训指导工作,参与开发地方课程、开展地方职业农民培育理论研究和教育培训工作督导等。主要聘请地方教育培训机构、农业院校、科研推广单位、行政管理部门等方面的专家学者,着力打造一支专业化、具有实践性的省、地(市)师资队伍。

中央新型职业农民培育师资队伍主要承担全国性新型职业农民示范培训和"网络大讲堂"培训,开发全国性农民教育培训精品课程,开展新型职业农民培育理论研究和教育培训工作督导等。主要依托中央农广校(农业农村部农民科技教育培训中心)聘请政府有关部门、农业院校、科研院所、行业领域等最具知名度的专家学者,着力打造一支高层次、权威性的中央新型职业农民培育师资队伍。

各地要围绕本地产业发展要求和农民培训需求,科学制订培训计划和统筹安排教学课程。在组织实施新型职业农民培育工程和相关培训项目过程中,要认真落实《新型职业农民培训规范》要求,合理选派入库师资开展教学培训工作。要把解决农民实际问题、提高农民综合素质作为检验教育培训效果的唯一标准,切实提高农民对教育培训工作的满意度。

各地要按照客观公正、重在激励的原则对入库师资开展动态管理,根据学员线上和线下评价情况了解教育培训效果,并将其作为讲课费发放和是否续聘的主要依据。要严格按规定向入库并完成授课任务的教师发放讲课费,切实调动师资授课积极性;建立师资库退出机制,让不合格的师资及时退出师资库。

各地要明确专人负责,及时掌握师资申报、审核、本级师资队伍的建设和应用等各环节进度,倒排时间表,保障工作顺利开展,更好更快地为职业农民培育服务。

各地要认真总结和大力宣传广大教师在职业农民培育中的重要作用,努力营造师资队伍建设的良好氛围。要广泛宣传扎根农村、服务农民、成绩突出的优秀师资的典型事迹,鼓励和吸引更多优秀人才充实到师资队伍中,共同谱写职业农民培育新篇章。

7.建立高质量培育教材体系

职业农民教育培训教材建设是提高教育培训质量的重要条件,要求编写和选用的教材要适合当地农业优势产业和特色农业,适合教育培训对象的特点和教学方法要求。职业农民教育培训教材要以培养学员综合素质为重点,突出对理论应用能力和技术应用能力的培养,注重生产实际操作能力的形成和提高,鼓励编写综合性和交叉学科教材。有关职能部门要加强对教材建设的管理,建立和完善教材管理机构,对职业农民教育培训教材进行调查分析;要加强教材编写队伍建设,教材编写队伍应坚持专家型人才与实践型人才相结合的原则,创新教材内容,编写出高质量的教材。

(1)高度重视职业农民培育教材建设。职业农民培育教材作为教学内容和教学手段的知识载体,是提高教学质量、实现培养目标的基础和保障,在职业农民培育工作中具有不可替代的重要作用。近年来,按照职业农民培育工作部署安排,相关单位和机构加强教材规划指导,组织教材开发,开展优秀教材评选,推动职业农民培育教材建设工作取得了积极成效。但总的来看,职业农民培育教材建设还存在统筹规划不足、精品教材较少、使用管理制度不健全等不容忽视的问题,影响了教育培训效果。各地要充分认识职业农民培育教材建设的重要意义,把这项工作摆在更加突出的位置,按照现代农业发展和职业农民培育工作总体要求,以提升职业农民培育质量为目标,以需求为导向,以开发精品教材为核心,以加强教材使用管理为重点,以创新教材建设体制机制为突破口,进一步做好教材的开发、使用、管理、评价等工作,全面提升教材建设工作水平,加快构建特色鲜明、内容全面、形式多样、务实管用的职业农民培育教材体系,建立"三位一体"培育制度,为加快培养高素质的职业农民奠定坚实基础。

(2)加强规划指导和精品教材开发。职业农民培育教材建设要坚持统筹规划、统分结合的原则,以国家和省(自治区、直辖市)两级教材建设为基础,以市、县为补充,分级规划,有序开发。农业农村部会同各省组织编制教材规划,建立全国职业农民培育教材信息发布平台,定期发布全国通用教材和区域教材目录及相关信息,促进教学资源共享。纳入规划的教材出版时,封面实行统一装帧设计,授权使用"农业农村部职业农民培育规划教材"字样和职业农民标识。

要围绕提高职业农民综合素质和生产经营能力,坚持权威性、思想性、指导性、可读性并重,提高教材开发质量,努力打造一批先进适用的职业农民培育精品教材,示范引领各地教材开发工作。精品教材要科学设计内容,以必需、够用为度,符合农民学习特点和需求,便于教师教学和农民自学,做到务实、管用;要创新编写形式,打破学科知识体系,突出生产过程主线,运用问题导向,做到图文并茂,通俗易懂,适合农民阅读;要精心遴选编写人员,既要选择有深厚理论基础的知名专家学者,也要吸引有丰富实践经验的一线教师、农技人员和农村"土专家""田秀才"共同参与;要严格开发程序,认真落实选题遴选、大纲论证、基层调研、组织编写、文稿审定及编辑出版等各环节工作,确保教材开发质量。

(3)规范教材使用管理。各地农业部门要结合本地实际,切实加强职业农民培育教材使用管理。教材使用要做到通用教材与区域教材衔接配套,避免资源浪费。健全教材选用制度,规范教材选用工作,坚持公平、公正,保证选用过程规范、有序、严格。在实施职业农民培育工程和开展职业农民中高等职业教育中,要优先选用全国规划教材。建立教材评价制度,对使用教材进行广泛调查、评价和论证,建立专家质量评审、教师使用评价、学员追踪反馈相结合的评价机制,跟踪了解教材使用效果,实行优胜劣汰。建立教材使用绩效考评制度,将教材使用情况与教育培训机构教学质量评估、培训情况评价挂钩,并将其纳入职业农民培育工程绩效评估考核指标体系。

（4）建立教材建设机制。建立健全统分结合的职业农民培育教材建设工作机制,农业农村部负责加强对全国职业农民培育教材工作的统筹规划、综合协调、遴选推荐和督促检查,成立教材编审指导委员会,指导全国通用教材的编写和审定。中央农广校（农业农村部农民科技教育培训中心）承担全国通用教材规划和开发、规划教材遴选、教材信息发布等具体工作。各省农业行政主管部门负责本省区域教材建设的规划指导、推荐使用和督促检查,做好本省教材开发和教材使用工作。地、县农业主管部门要把教材使用管理作为职业农民培育工作的重要内容,明确相关要求,做好本地教材使用的督促检查和补充教材的开发工作。教育培训机构要加强对使用教材和教师讲义内容的审核把关和评价。

四、建立职业农民培育制度

（一）建立职业农民教育培训制度

1.分层分类开展职业农民教育培训

职业农民教育培训,特别是职业农民培训必须根据其所从事的职业类型、产业和所具备的文化、技能水平等分类分层进行,否则,就会出现所教非所需、教而学不会、学而用不上等现象。职业农民培训要分类型、分产业、分等级制定培训标准,设置培训模块和培训课程,组建教学班,合理调配师资,开展精细化培训。在职业农民教育培训中,生产经营型按产业、专业技能型按工种、专业服务型按职业分布组班和开展培训。部、省、市、县各级应根据职能分工协作。部、省级重点开展经营管理、创业兴业能力及师资培训,市、县级重点开展技能培训；部级重点抓好农民企业家、国家级农业产业化龙头企业和示范性合作社带头人培训,省级重点抓好青年农场主、省级农业产业化龙头企业和示范性合作社带头人培训,市、县级根据当地主导产业发展需求,统筹抓好新型农业经营主体带头人、务农农民、农业工人和社会化服务人员培训工作。

2.职业农民教育培训绩效评价

为规范职业农民教育培训行为,提高职业农民教育培训的质量和水平,必须加强对教育培训实施机构、教育培训过程、教育培训效果的评价,建立科学合理的评价方法。职业农民教育培训评价由农业主管部门牵头,根据职业农民教育培训目标,运用科学手段,通过系统收集信息资料和分析整理,对教育培训活动、教育培训过程和教育培训结果做出判断,为提高职业农民教育培训质量和教育培训决策提供依据。

(1)评价内容。职业农民教育培训绩效评价要重视对教育培训机构的评价,要考察农民教育培训机构的办学理念、组织领导能力和管理水平是否符合职业农民培育的要求。要对师资、设备、经费及实训基地等进行评估,考察教育培训机构有无稳定的专职教师和来源广泛的兼职教师;经费来源是否有保障;办学场地是否符合要求;有无必要的教学设备和实验实习条件,特别是送教下乡的师资和设备条件;教师是否具有必备的专业结构和业务能力,特别是解决农民生产实际问题的能力;教师是否具有担任课程教学应该具有的知识和技能水平;学员对教学内容的掌握程度,培训完成后学员运用所学习理论与方法分析和解决具体生产实践问题的能力,以及学员对教师教学的满意度等是否达标。

职业农民教育培训绩效评价要重视对教育过程的评价。其一,是对如何确定职业农民教育培训需求的评价,考察其是否通过科学途径获得了职业农民真正的教育培训需求。其二,是对所制订的教育培训方案和计划进行评价,考察培养方案的科学性和可行性。其三,是对实施教育培训课程内容的评价,考察课程设置是否合理,课程内容能否满足学员的需求。其四,是对教育培训的方法进行评价,考察所采用的教学与培训方法是否符合农业教育特点和职业农民需要。要鼓励职业农民对教育培训内容与方法的创新,形成具有中国特色的职业农民教育模式。

职业农民教育培训绩效评价要重视对教育培训效果的评价。要评估是否达到了职业农民教育培训目标,不仅要看学员的考试成绩,还要看学员获得的能力。培养的职业农民能否胜任其应承担的职责是重要的评价指标,如对社会的农业贡献率,科技转化与利用情况,所生产农产品或所提供农业服务的社会声誉,农业品牌的创建,对农户的带动、合作与组织能力以及经营管理水平等情况。

(2)评价方法。职业农民教育培训评价标准制定得科学与否,直接影响到评价的实际效果。由于各地区的经济发展水平、产业结构和资源禀赋差别很大,农民的教育培训需求也存在较大差异,在培育职业农民教育培训过程中既要注重提高农民自身素质,也要兼顾当地产业特点,让职业农民能更好地服务地区农业发展。因此，制定符合当地实际情况的评价指标十分重要。可以通过调查问卷、座谈、访谈等形式，深入细致地对产业发展、职业农民需求等问题开展调研，将调研结果作为制定绩效评价标准的基础。在此基础上，明确各类职业农民的评价标准，在各地区实际实施中要根据当地情况进一步完善和细化。评价标准要符合实际，既要有原则、方针以指导评价方向，也要有具体细则以利于操作。

可以由各级农业主管部门牵头，其他相关部门配合，建立职业农民培育绩效评价专家组，指导绩效评价工作。绩效评价既要有从上到下的检查式评价方式，也要有从下到上的民意反馈评价方式；既要有书面材料审查评价方式，也要有配合地区产业发展情况进行实地考察的评价方式。随着信息技术的发展，利用信息化手段，以培训对象满意度为核心指标，培训对象直接通过手机评分成为发展方向。评价工作实施后，还要有相应的激励服务措施跟进，以真正运用好评价结果，充分调动职业农民发展农业的积极性和主动性。要以资金扶持、表彰奖励等手段促进评价后工作，制定长效机制，建立职业农民库，实行分层培养、分类管理、定向扶持、跟踪服务。面向社会宣传、营造尊重农业人才、关爱职业农民、关注农业发展的良好氛围。

（二）建立职业农民规范管理制度

职业型农民认定服务于培育现代农业生产经营主体，要在促进专业大户、家庭农场等农业适度规模经营主体的发育方面发挥引导作用。面对小规模农业、口粮农业还将长期大量存在的现实，以及小农提高生产效率、提升产品质量与获取市场地位的需求，职业农民认定也要能够推动农业生产社会化服务体系的发展，以及先进、高效、安全的农业技术的推广应用。据此，职业农民认定应面向农业产业链中不同环节从事不同活动的各类主体，既包括专业大户与家庭农场等新型农业经营主体带头人，也包括为农场、大户、合作社和小规模农户提供专业化技术服务的技能型农业人才。

职业农民认定的对象是自然人，不是公司类型的法人；实行属地管理原则，各地区农业创业就业的外来人员参照本地农户平等参与职业农民认定。对于工商企业进入农业，长时间、大面积地直接租种农户土地的情形，不能被定义为职业农民。

培育职业农民是政府的职责，开展职业农民培育工作要坚持政府主导的原则，因此职业农民认定主体是各级人民政府，主要是县级人民政府，一般由农业行政主管部门组织实施。职业农民认定是一项具有严肃性和长期性的任务，县农业行政主管部门一定要委托特定的机构负责职业农民的认定工作。承办机构的主要职能是服务和管理，而不是审批。承办机构的职责是在政府和农业行政部门的领导下，接受职业农民申请，审核申请人是否符合职业农民的条件和标准，管理职业农民证书，建立和管理职业农民档案及维护职业农民信息管理系统，为职业农民提供相关服务等。从全国现有条件和工作情况看，委托农民科技教育培训中心（农业广播电视学校）承办职业农民的认定管理工作较为适宜。

1. 职业农民认定的程序

认定程序是职业农民认定各项工作应严格遵守的先后次序。根据职业农民培育工作的特点，认定程序一般是发布认定公告、个人自愿申报、村委会初审、乡镇复审、县（市、区）职业农民培育认定管理承办机构汇总并对照认定条件和标准进行认定、对认定合格人员进行公示、报县（市、区）人民政府或授权部门批准。

第一步：发布认定公告。由县级人民政府或农业行政部门发布认定公告，明确认定范围（产业、等级）、申请起止时间、申请方式、申请受理单位、联系方式等内容。

第二步：个人提出申请。符合认定条件的农民自愿提出申请，填写职业农民认定申请表，交村委会初审。

第三步：村委会初审。村委会对农民填写的职业农民认定申请表进行初步审核，主要审核填写内容与真实情况是否一致。对填写内容真实的，由村委会填写初审意见，并加盖村委会公章，交乡镇政府复审。

第四步：乡镇政府复审。乡镇政府对职业农民认定申请表进行复审，进一步审查填写内容的真实性，对填写内容与实际情况一致的，填写复审意见，并加盖乡镇政府公章，报县（市、区）职业农民培育认定管理承办机构。

第五步：认定。县（市、区）职业农民培育认定管理承办机构组织人员对照认定条件和认定标准进行认定，将符合条件和标准的申请者拟定为职业农民。

第六步：公示。对拟定为职业农民的人员，在其所在村张贴公示公告或利用广播、电视等进行公示。

第七步：报县（市、区）人民政府或授权部门批准。对公示无异议的申请人员，报县（市、区）人民政府或授权部门批准，发布正式文件，认定为职业农民。

2. 职业农民认定后的管理

职业农民认定后的管理是职业农民认定管理的重要内容。只有对认定后的职业农民进行有效管理，才能掌握他们的个体和总体情况，才能了解他们的信息和变化，才能把他们凝聚在一起形成职业农民队伍。

（1）建立职业农民信息档案。为认定的职业农民建立档案，及时将姓名、年龄、类型、主体产业、经营规模、认定等级等相关信息录入职业农民信息管理系统，并根据年度变化情况及时更新相关信息，为职业农民在线考核、晋级、定向扶持、退出等提供依据。

（2）建立年审制度。对已认定的职业农民，实行年审，每两年至少复核审查一次，看是否还符合职业农民认定条件和标准，以此作为实施动态管理的重要依据。

（3）实施动态管理。对年审合格的，继续保留职业农民资格，对于已经不符合职业农民条件和标准、出现严重农产品质量安全责任事故和违法犯罪等行为的，报经县（市、区）人民政府或授权部门批准，取消其职业农民资格，清理出职业农民队伍。退出人员不再享受职业农民的相关扶持政策。

3. 统筹开展职业农民和农村实用人才认定工作

（1）重要性和紧迫性。大力培养职业农民和农村实用人才，是党中央、国务院为加快农业农村发展，解决"谁来种地、怎样种好地"问题而提出的一项战略决策。为切实做好职业农民培育工作，农业农村部于2012年启动职业农民培育试点，探索建立教育培训、认定管理、政策扶持"三位一体"培育制度，着力培养有文化、懂技术、会经营的职业农民，取得了积极成效。农村实用人才是为农业农村经济发展提供服务、做出贡献、起到示范和带头作用的农村劳动者，是广大农民的优秀代表。在农业领域，培养农村实用人才的主要任务就是加快培育职业农民。中办、国办联合印发的《关于引导农村土地经营权有序流转发展农业适度规模经营的意见》（中办发〔2014〕61号）明确要求，努力构建职业农民和农村实用人才培养、认定、扶持体系，为统筹开展职业农民和农村实用人才认定工作指明了方向。

认定工作是衔接教育培训和政策扶持的关键环节，有利于引导职业农民和农村实用人才接受教育培训，有利于落实职业农民和农村实用人才扶持政策，有利于培养和壮大职业农民和农村实用人才队伍。当前，由于条件保障不足、工作基础薄弱、工作中缺乏必要统筹，一些地方还存在认定工作积极性不高、认定主体和标准不明确、认定程序不规范、管理服务不到位等问题，影响了职业农民和农村实用人才队伍建设进程，因此迫切需要进一步提高思想认识，明确工作要求，建立科学有效、系统规范的认定方法和路径，为建立完善职业农民培育和农村实用人才培养制度积累经验。根据统筹开展认定工作需要，将农村实用人才调整为职业农民、技能带动型和社会服务型三类，同时将职业农民调整为生产经营型、专业技能型和专业服务型三类。

（2）指导思想和原则。

①指导思想。统筹开展认定工作要按照党中央、国务院的有关部署要求，以服务深化农村改革、加快推进农业现代化为主线，以精准培育为导向，以精细管理为手段，以政策扶持为保障，推进认定工作的科学化、规范化，建立完善职业农民培育和农村实用人才培养制度，加快推动职业农民和农村实用人才队伍建设，为现代农业发展和新农村建设提供强有力的人才支撑。

②基本原则。一是政府主导，农民自愿。职业农民和农村实用人才队伍建设的公益性、基础性和社会性，要求认定工作必须坚持政府主导，加强统筹协调，出台相关政策，加大扶持力度，提高认定的含金量和吸引力，确保取得实效。要充分尊重农民意愿，着力通过政策吸引和宣传引导，调动农民的积极性和主动性，不得强制和限制农民参加认定。二是突出重点，统筹推进。要坚持把职业农民作为农村实用人才认定的重点，把生产经营型职业农民作为职业农民认定的重点，兼顾专业技能型与专业服务型职业农民。把职业农民培育示范县和农村实用人才认定试点县作为当前的重点地区，逐步巩固认定工作基础，扩大认定工作覆盖范围。三是因地制宜，分类认定。职业农民和农村实用人才认定工作必须结合各地实际，围绕现代农业发展对从业者的素质和能力要求，明确认定条件，细化认定标准，科学分类评价。鼓励各地探索建立初、中、高三级贯通的认定体系，为实现精准化培育奠定基础，并对专业技能型和专业服务型职业农民建立培训制度和统计制度。

（3）主要任务。一是制定认定办法。原则上由县级以上（含）人民政府发布认定管理办法，对认定条件、认定标准、认定程序、认定主体、承办机构、相关责任等进行明确。县级认定管理办法按层级报市级和省级农业行政主管部门备案。

二是明确认定标准。各地要在充分调研论证的基础上，根据当地产业发展水平和生产要求，以职业素养、教育培训情况、知识技能水平、生产经营规模和生产经营效益等为参考要素，提出生产经营型职业农民认定条件，并根据实际逐步建立初、中、高三个等级的认定标准。

三是规范认定程序。农民自愿提出认定申请,并填写认定信息采集表。县级农业主管部门按照认定管理办法要求,组织开展认定工作。对符合条件和标准的农民要进行公示,公示无异议后,将其认定为职业农民。农业广播电视学校(农民科技教育培训中心)等公共服务机构作为承办机构,具体负责受理审核、建档立册、证书发放、信息库管理及相关组织服务等认定事务,确保认定工作规范开展。

四是做好专业技能型和专业服务型职业农民统计工作。鼓励专业技能型和专业服务型职业农民参加培训获得培训证书,同时引导他们参加职业技能鉴定获得国家职业资格证书。各地要根据工作实际明确专业技能型和专业服务型职业农民统计标准和指标体系。县级农业行政主管部门要组织做好符合条件农民的统计信息采集入库工作。生产经营型职业农民与专业技能型、专业服务型职业农民不重复统计。

五是做好证书发放。按照既尊重历史又创新发展的原则,完善"绿色证书"制度,对认定的生产经营型职业农民颁发职业农民证书(简称"新绿证"),作为享受扶持政策的有效凭证。职业农民证书由农业农村部统一证书式样,原则上由县级以上(含)人民政府或授权农业行政主管部门颁发和管理。

六是加强管理服务。生产经营型职业农民实行动态管理,按年度进行复核。各地要做好职业农民信息档案建立工作,登录中国新型职业农民网,将认定和统计信息采集表录入职业农民信息库,实行电子化管理。承办机构要指定专人负责信息采集、录入和更新工作,确保信息采集质量。各级农业行政主管部门要加强信息管理,定期对入库人员情况进行核查、统计和更新,确保信息及时准确。

(4)保障措施。

①加强组织领导。各省(自治区、直辖市)农业行政主管部门要高度重视,精心组织,明确责任部门,采取有效措施,加强对基层工作的指导和支持。县级农业行政主管部门要牵头建立相应工作协调机构,出台相关政策,加大扶持力度,确保工作实效。认定管理经费由县级农业行政主管部门从职业农民培育工程经费中列支。

②构建扶持政策体系。农业农村部将会同有关部门研究制定专门政策,扶持职业农民和农村实用人才。各地要充分利用当前全面深化农村改革、加快发展现代农业的良好契机,争取组织、人社、发改、财政、金融等部门的支持,

探索构建职业农民和农村实用人才扶持政策体系,把财政补贴资金、示范推广项目、土地流转政策、金融社保支持等与职业农民和农村实用人才认定工作挂钩,提高认定的吸引力、含金量和认可度。同时,要建立健全职业农民的表彰奖励机制,调动农民参与认定的积极性和主动性。

③做好总结宣传。各地要加强对认定工作的总结和交流,充分利用广播、电视、报刊、网络等媒体,积极宣传有效做法和成功经验,广泛宣传认定的职业农民和农村实用人才典型事迹,努力营造认定工作的良好社会氛围。

(三)建立职业农民政策扶持制度

农业是国民经济的基础,关系到国计民生。职业农民是现代农业发展的主导力量,他们在从事农业生产经营时,不仅面临市场风险,还面临自然风险。无论是巩固和加强农业的基础地位,还是保障粮食等重要农产品有效供给,都需要建立职业农民培育支持扶持制度,制定和落实职业农民支持扶持政策。对职业农民进行支持扶持是增强职业农民吸引力和促进职业农民发展的重要手段。职业农民支持扶持政策的内容很广,主要包括以下几方面内容。

(1)各种生产性补贴。非普惠制的国家、省、市、县政府和有关部门支持产业发展的各种生产性补贴向职业农民倾斜;根据地方产业发展需要,制定支持职业农民产业发展的财政补贴政策,降低生产成本。

(2)土地流转。通过规定受让条件、给予资金补贴、为承包农户提供就业补贴和服务等措施,支持土地向职业农民集中,发展农业适度规模经营。

(3)金融信贷。提高职业农民信息等级,降低贷款担保门槛;创新信贷品种,为职业农民提供低息贷款;设立财政专项,为职业农民贷款提供贴息等,解决职业农民产业发展的资金困难。

(4)政策性保险。农业是高风险行业,通过扩大农业政策性保险覆盖面和提高各级财政保费补贴比例、降低个人承担份额等措施,为职业农民提供农业政策性保险,能有效提高职业农民抵御农业风险的能力。

(5)社会保障。将职业农民作为一种新的职业群体,允许其享受与城镇职工同等的养老、医疗、失业、工伤等社会保障待遇,提高社会保障水平,解决相关后顾之忧。

(6)技术服务。职业农民作为一种特殊的农民群体。应针对其特殊要求,为其提供免费的技术培训和技术服务,以解决职业农民的生产技术难题。

(7)其他支持。将职业农民纳入相关项目实施主体、基础设施建设、农业科技示范园建设等项目。

职业农民的支持扶持政策不仅仅应是普惠制政策,更要是具备职业农民条件或经过认定的职业农民才能享受的政策。这不是对从业农民设置门槛,而是为了促进和引导农民实现更好的发展。职业农民的支持扶持政策涉及土地流转、生产补贴、教育培训、金融信贷、农业保险、社会保障和人才奖励激励等方面,需要统筹考虑、系统设计和逐步推进,但不能与现有法律法规相抵触。各地可以根据地域特点制定不同的职业农民支持扶持政策,即使在同一地域,对不同产业的职业农民的支持扶持政策也可以有所不同。

第四节 我国职业农民培育的典型案例

一、温州典型培育模式

温州积极贯彻落实党中央培育职业农民的政策方针,根据地方特色,结合地方实际,大力培育创新创业型职业农民,从而弥补温州在农业发展方面的"先天不足",使科教培育真正服务温州经济社会发展。在地方创业氛围与创新精神的双重驱动下,温州的职业农民培育在实践中逐渐形成独具特色的创新创业培育模式。该模式的市场化程度较高,具有明显的合作组织与产业促进特征。下文以培育的主体、组织形式、培育方法为依据,将以创业为特色的温州培育模式进一步细化,总结归纳出"训以致创模式""科技先行模式""项目菜单模式"等多元培育模式。

(一)训以致创培育模式

温州市龙湾农业创业园区根植于温州特色创业文化,依托温州小企业创业基地、温州青年创业学院等多个平台,对园区内农民进行系统的创业性培训,鼓励广大学员在受训后自主开展创业活动,创新实施"训以致创"模式。

该模式着眼于职业农民群体的创新创业意识培养与综合素质的提高,力求通过培育打造一批适应温州创业大环境的职业农民。培育的主体是农村合作组织、职业院校等。培训对象为就业于农业企业的农民、生产本地特色农产品的农民。培育内容包括本土化知识、科学生产知识与技术、创新创业理论与途径等。

在培训内容方面,该模式根植于温州特色创业文化,独具特色地创办各类农村青年创业致富培训班,开设农产品包装与推广、网店经营、农场经营发展等创业方面的课程,并积极探索信息化培育模式。

首先,为学员开设实用的创业课程。园区农业龙头企业牵头成立农业创业联合会,同时建立创业帮扶群。参与培训的职业农民皆为会员,联合会相关导师实时指导学员创业。同时龙头企业发挥其品种、技术、设施等方面的优势,帮助学员孵化创业设想。联合会定期组织受训学员参加特色农业博览会,由专业老师向学员讲授宣传海报制作方法,对有一定基础的学员进行视频、微电影宣传方法指导。参展期间建立产品联合销售中心,发挥农业产品集群效应,并实行线上线下互动营销。同时通过龙头企业的优势资源,组织学员参加优质农产品推介活动,帮其建立长期客户合作关系。

其次,为学员提供真实的创业化学习情境。龙湾区农业创业园区分设农业电商园,园区建筑面积2.3万平方米。内设品牌农业电商园区、农业众创空间、农特产O2O展示中心、电商培训中心、仓储物流基地、农村青年电商创业基地、农产品质量安全监管中心、农业电商大数据中心、健身休闲等生活配套服务区等。目前已有多家农业企业或专业合作社的农产品进驻该电商园,为学员创设真实的创业场景,提供更多的培训交流机会,提升学员的创业能力。

最后,为学员搭建信息化学习平台。农民学院与袁隆平农业高科技股份有限公司合作创办"隆平学院"共同培育职业农民,为便于跟踪指导孵化创业,同时提升农民的移动学习能力,激发农民的创新创业潜力,隆平学院积极探索信息化培育模式,将线上线下的培训与跟踪指导相结合,普及"云上智农""温农云"等手机应用,职业农民可通过手机终端随时随地点击微课程课件进行学习。目前已开发出近百个符合温州农业创业趋势、适合本地农业生产实践的微课程,同时学院正进一步开发适合浙南等经济先发地区的微课程,拟在温州农业创业园区试点的基础上向浙江省开放。

(二)项目菜单培育模式

地方政府整合涉农培训资源,依托温州科技职业技术学院成立温州农民学院,创新地提出了契合温州地域特色的"训创一体"的项目菜单模式。该模式充分发挥农科教一体化办学体制优势,致力于解决农民培训"两头热、中间冷"和"老面孔"等问题,进一步贴近农民生产生活实际,力求实现农民知识技能的够用、管用。该模式积极开展职业农民培育实践,以正规学历教育或非学历培训为主要形式。

这一模式的培育主体为高等职业院校及农民学院,面向的培育对象主要为高等职业院校的在校生、农村基层干部、农业核心户、骨干农民。在培育内容方面主要涉及区域特色农业概况、科学生产方法、经营管理知识、创业方法等。

该模式立足于温州市农业产业发展和农民的实际需求,针对性地开发出6大类80个特色培训集合230项培育项目菜单。参与培训的学生及农民可照单点"菜",接受免费的培训。

首先,为学员开发适应农民需求的"课程菜单"。农民学院以课题研究或补贴的形式鼓励涉农专业教师开发各类新的培训项目,申报上来的项目经学院教学委员会审核批准,将符合培训需求、具备培训条件的项目及时整理成培训的"菜单"。学员可根据项目菜单内容,通过实地报名或者线上报名的方式进行"点菜",每个项目报名人数达到开班要求,即可免费开班培训。目前成功开班的有杨梅种植、瓯柑种植、奶牛养殖等具有温州特色、实用性强的培训项目。

其次,为"菜单"配置专业的师资队伍。市政府与院校联合聘请农业专家为首席培育官,为培育项目配备多个专业方向的农学教授专家库及多位校内外农业专业人才。培训分两大主要阶段,第一阶段,注重实用性内容的普及,针对杨梅、瓯柑等特产水果种植,奶牛、海鲜等优势品种养殖设置不同的培训课程,旨在提高学院对生产各个关键环节的控制能力,提高产业综合发展水平;第一阶段结束后,进一步筛选基础良好的学员进行第二阶段培训,重点向其传授现代农业经营管理思想及实务。

最后,为学员提供国际化交流学习平台。学生在大三学习或完成前两个阶段培训后,可申请选择国际化项目培训。该模式以我国中德农民培育试点项目为平台,积极探索国际化培育途径。在有一定基础的学员中举办未来家庭农场主培育班。

同时农民学院与德国农业教育中心签订合作协议,定期举办中德新型职业农民培育交流会,供学员咨询交流。另外,每年都会选派5～7名优秀农民学员赴荷兰、德国进行为期一周的访学活动。

(三)科技先行培育模式

为响应实施创新发展和乡村振兴发展战略,温州农业创业园区下设农业科技园区,该园区围绕温州主导产业对当地农民进行有针对性的培育,以科技为培育的主线,以科技园为培育基地,形成了一套独具特色的职业农民培育模式。

该培育模式的培育主体为成人教育中心、园区培训部门。培育对象主要是园区内有意从事科学化生产的农民。培育基地设在浙南特色种子种苗科技园区和温州海洋农业高科技园区。已建成的温州种子种苗科技园，以水稻、越冬蔬菜科学种植为主导产业，重点开展水稻、越冬蔬菜种子种苗繁育和展示示范，园内拥有约 7 200 平方米华东地区高档的玻璃温室，拥有约 11 000 平方米专门用于浙江省蔬菜新品种展示用的连栋大棚；而温州海洋农业高科技园区永兴基地以"虾贝蟹藻种苗"繁育为主，基地内拥有高效生态循环养殖设施，建有虾贝蟹藻研发中心和海创园，以虾贝蟹藻种苗繁育推广为主。

两大园区辐射从业农户超过 1 000 户，从业农民逾 3 000 人。成人教育中心定期开设水稻、越冬蔬菜种植培训班及虾贝蟹藻繁育养殖班，同时邀请专家及技术指导师实行"技术到户"服务。

首先，在农业科技园区成立培训部。通过专业的培训教师将已成熟的本地产业农业技术系统化、通俗化、实用化地传授给辐射区农户。培训部联合温州市成人教育中心举办水稻、越冬蔬菜、虾贝蟹藻等繁育培训班共 12 个，累计培育农民近千人。通过系统学习主导产业的实用技术，受训农民能够快速掌握育种、种植、养殖、繁育的关键要领，进而成为该行业的技术能手、专业大户。

其次，实施"技术到户"工程。通过专家到农户的举措，加速农业科技园区的科技成果转化与先进技术推广。推广思路大致为"专家进大户、农户帮带扶"。专家定期到有代表性的农业大户生产基地进行技术推广指导与疑问解答，再由农业大户将习得并经过实践检验的技术辐射进各家各户。通过链条式的培训传递，逐步使农业科技成果得以普及。

最后，成立农业科技园区"技术推广站"。以固定的形式，为农民提供咨询指导服务。园区创建技术推广站作为农业先进科技知识技术的传播中心。作为一个固定咨询机构，推广站在农民受训前、受训后提供技术支持，当农民遇到任何与农业技术相关的问题时，都能找到专人答疑解惑。该措施切实地提高了培育的针对性、有效性，在农业技术推广实践中发挥着不可替代的作用，已成为农民受训后的"深造"基地和生产过程中的"技术超市"。

二、肃南县职业农民培育的方法

（一）理论授课

肃南县职业农民培育专兼职教师采取集中讲授和多媒体教学方式宣传国家

强农惠农政策与农业农村政策法规、新型职业农牧民概念、创业理念，使职业农民学习高效特色农牧业生产技术，标准化和安全生产技术，农牧业实用技术和绿色有机农畜产品开发、农牧业经营管理、农畜产品加工营销、日光温室蔬菜栽培管理、设施葡萄栽培管理、动植物病虫害防治、农机具操作维修、现代信息技术等农牧业生产知识。

（二）田间教学

田间教学就是以农牧民日常养殖、放牧、耕作的地方为教学现场，针对农牧民在日常生活中遇到的实际技术难题而进行的教学活动。它具有以农牧民为中心，以实践为手段，以培养用科学知识解决实际问题的能力为目标的特点。肃南县结合畜牧业为农业核心的实际情况，在职业农民培训过程过程中，以培训期间牧场上动植物的突发危机现场或培训学员的草场为教学点，以突发的病情、疫情等或学员自己在现场提出的问题为切入点，将抽象的科学知识应用到具体问题上，不仅要使农牧民清楚是什么，而且要使他们知道为什么、怎么办。

（三）基地实践

围绕畜种改良、草原改良、优质牧草栽培、肉牛肉羊育肥、农作物制种以及农畜产品标准化生产等，培育了 23 个科技含量高、辐射带动能力强、经济效益好的示范点，其中畜牧业方面的示范点有 13 个、种植业方面的示范点有 10 个。以这些示范点为依托，选择部分作为肃南县职业农民培训的实践基地，通过实践基地现场培训指导，使广大养殖户的发展思路更加清晰，能够解决养殖过程中存在的问题和难题，使其在养殖过程中获得更高的收益，在全县形成了良好的带动和示范作用。

（四）现场观摩

为了让培训更有针对性和实效性，组织职业农民一起参观具有代表性的农牧业合作社及示范基地。现场观摩，既有教师对症下药，手把手地教，又有"土专家"现身说法，面对面地讲，就常见动物疫病及其防治、标准化养殖场建设、现代化设备设施应用、高原有机生态畜牧业发展方式等进行了交流参观，使学员们感受现代化农牧业概念，增长见识，提升技能。

（五）赴外考察交流

选派农业干部和具有代表性的职业农民如农牧合作社领办人、农牧业技术能手、农牧业示范性企业技术员等赴新疆、杨凌农业示范区等农牧业经济发达地区取经，把先进的生产经营管理模式和成功经验带回肃南，同时使学员创新理念、开阔视野、更新知识、开拓思路。

（六）技能考核与资格认证

肃南县通过自愿申请、村级审核、审核推荐上报、县职业农民培育工作领导小组审查认定，对于考核合格者，由农广校颁发《肃南县新型职业农民资格证书》，并实行动态考核管理，每年由县、乡（镇）、村三级组成考核小组进行联合考核，当年考核不合格者，不享受扶持政策，并取消其新型职业农民资格。

（七）跟踪指导服务

成立跟踪服务专家组，对培训过的职业农民集中开展跟踪服务，利用农业科技直通车，带上种、养殖专家进行田间管理、牧场牧草种植管理、养殖和防疫等技术指导，并免费送发农牧业信息技术培训资料，形成农业科技人员面对面、手把手的技术指导新常态。

第六章　乡村振兴战略下职业农民创业创新探索

第一节　职业农民创业创新的主要模式

新型职业农民创业创新是指具备一定创业资本和能力的农民在寻找或开拓市场空间的基础上，通过重组各项生产要素资源、开辟新的生产领域和创新经营形式，以达到自身利益最大化和扩大劳动力就业的过程。改革开放以来，我国农村创业创新的浪潮经久不息。党中央、国务院高度重视农村双创工作。习近平总书记明确指出，要实施乡村振兴战略。李克强总理强调，要进一步完善农村创新创业机制，鼓励和支持高校毕业生、进城务工农村人员、退役军人、科技人员到农村施展才华。

近年来，全国各地大力推动农民创业创新，取得了明显成效，涌现出以下几种模式。

一、"特色产业拉动型"模式

"特色产业拉动型"模式主要是围绕地方农业特色产业，面向农业产业领域开展创业创新活动。这种模式具有以下几个特点：一是上中下游融合。将农业生产、加工、推广等多个链条结合起来，实现各环节利润均衡，激发产业链、价值链的重构和功能升级。二是一二三产业渗透。将传统农业和现代农业结合起来，大力发展体验经济、休闲经济，使创业活动在不同产业间交叉和融合，逐步形成新产业或者新业态。三是产前、产中、产后联合。面向产前、产中、产后环节的生产与服务需求,以龙头企业带动全产业链发展,壮大地方农业经济。

河南新郑好想你枣业股份有限公司将红枣种植加工、冷藏保鲜、科技研发、贸易出口、观光旅游集为一体,不断扩大产品的市场占有率和品牌知名度。该公司目前是红枣行业规模最大、技术最先进、产品种类最多、销售网络覆盖最全、辐射带动最广、市场占有率最高的龙头企业,并且带动红枣配套企业发展,成为当地农村创业创新的主导产业。广东云浮市新兴县温氏食品集团股份有限公司将主业放在业务流程中投资额大、技术含量高、风险高的环节,包括饲料生产、种苗供应、销售网络的建设等,把养殖环节和配套服务等交给创业者,双方紧密结合,实现了互惠双赢、互促共进。

二、"返乡下乡能人带动型"模式

"返乡下乡能人带动型"模式主要是返乡进城务工人员、中高校毕业生及科技人员等新型职业农民通过创办、领办企业和合作社等农村新型经营主体,引领、带动周边农村创业创新。

这种模式具有以下几方面优势:一是综合素质高。这类群体往往知识水平高,社会经验丰富,有头脑、懂技术、能经营、善管理,对农业生产经营具有独到的认识和理解,把握市场机会的能力较强。二是带动能力强。这类群体往往参与家庭农场式经营方式,能够吸引更多农民参与生产经营。有调查显示,农民创办的经济实体平均可吸纳7～8人就业,可以带动更多农民创业致富。三是创业创新意愿强。这类群体往往对农业怀有深厚的感情,有一定的资金技术积累,具有长期投身农业的意愿和能力,有利于推动农业可持续发展。有调查显示,返乡农民创办的企业80%以上是新产业、新业态或产业融合发展的项目,能够适应现代农业的发展需要。

以张家港市神园葡萄科技有限公司为例,该公司起源于1981年,40多年来通过技术培训、指导、合作,在"新品种、新技术、新模式"推广上,已经带动起省内外的葡萄客户2万多家,涉及辐射面积约3.33公顷。引进并保留国内外优良鲜食葡萄品种1200多个,在国内由徐卫东命名并推广了"美人指""夏黑""黄蜜"等优良品种,首次在南方推广了"高宽垂架势""生草栽培"新技术,产生的直接经济效益超过10亿元。与国内外葡萄专家保持交流与合作,多年来矢志不渝地研究葡萄的杂交育种,在葡萄育种上获得了突破。通过常规杂交育种及结合航天卫星搭载,已经培育出了杂种后代实生苗3万多株,是目前国内最大的民营优质葡萄新品种示范及育种育苗基地。

三、"龙头骨干企业带动型"模式

"龙头骨干企业带动型"模式的主要特点是依托龙头骨干企业，通过股份制、股份合作制等形式与基地和农户建立稳定的产销协作关系以及多种形式的利益联结机制，逐步形成"风险共担、利益共享"的新机制，带动农民创新创业。

2012年，《国务院关于支持农业产业化龙头企业发展的意见》提出，要培育壮大龙头企业，打造一批自主创新能力强、加工水平高、处于行业领先地位的大型龙头企业。一般认为，龙头骨干企业带动农民创新创业具有三个优势。一是规模效应强。能够推进农业生产经营标准化、专业化、集约化、规模化，建设一批农业生产基地。二是产业优势佳。往往在农产品加工、流通等领域形成规模效应，能够形成农业上中下游相互承接的产业优势。三是经济效益好。能够发挥龙头引领效应，培育一批产业竞争力强、市场占有率高、影响范围大的农业品牌，带动农业相关产业发展。

以苏州太湖雪丝绸股份有限公司为例，该公司成立于2002年，是一家集蚕桑种植、加工，床品设计、生产、销售于一体的家纺企业。经过多年的发展，已成为国内较具影响力的真丝家纺企业之一，目前在国内外拥有近300家专柜和加盟店，并拥有自营出口权，产品远销加拿大、美国等几十个国家和地区。2016年8月，公司成功登陆新三板，成为苏州蚕丝家纺行业的首家上市企业。同时，在苏州市政府、吴江区政府的支持下，"震泽现代蚕桑农业田园综合体"项目成功入选首批中国特色小镇，成为弘扬传统技术文化，引领地方经济发展的标杆。2017年9月，苏州太湖雪丝绸股份有限公司的"震泽现代蚕桑农业田园综合体"项目成功晋级"全国农村农业创业创新项目创意大赛"总决赛。

四、"双创园区（基地）集群型"模式

"双创园区（基地）集群型"模式的主要特点是依托各地现有的农业创新创业园区和基地，通过政策集成、资源集聚和服务集中等形式，大力发展农业综合服务业，加快土地、资金、科技、人才、信息等资源要素向农村的延伸，带动原料生产、加工流通、休闲旅游、电子商务等产业发展。

具体来说，这种模式可以分为以下几种类型：一是"农业+特派员"。2014年，中央一号文件首次明确提出了"推行科技特派员制度"，这对各地加快农业科技服务队伍建设提出了更高要求。2016年，国务院出台的《国务院办公厅关于深入推行科技特派员制度的若干意见》，进一步明确了推动农业科技特派员的建设任务和建设方向。2017年，江苏省将"深化'五有'乡镇农业技术推广服务体系建设，推行农业科技特派员制度"写入省委一号文件。这种模式要求利用涉农高等学校、科研院所的科技、人才资源，鼓励和支持农民学习新技术、新品种和新知识，提高农业生产和经营水平，引导更多农业特派员到基层创新创业，带动更多农民创业致富。二是"农业+星创天地"。为了能够给职业农民创业创新提供可选择的场所和高效便捷的服务，近年来，国家先后制定出台《关于发展众创空间推进大众创新创业的指导意见》《关于支持农民工等人员返乡创业的意见》《发展"星创天地"工作指引》等文件，积极开展"星创天地"建设，为支持"新农人"创新创业奠定了良好基础。这种模式要求降低农业创新创业门槛，支持和鼓励更多企业参与农业经营，培育农业发展新主体。三是"农业+园区"。2017年，原农业部等12部门联合印发《关于促进农村创业创新园区（基地）建设的指导意见》，要求加快建设一批具有区域特色的农村双创园区（基地），支持新型职业农民创新创业，从而为现代农业发展注入新要素，为农民增收开辟新渠道，为农村建设注入新动能。这种模式要求加强与高等院校、科研单位、行业协会、产业联盟等机构的联系，为农村双创提供见习、实习、实训、咨询、孵化等多种服务模式，推动产业集群的形成。

第二节 职业农民创业创新的实践

农民是实施乡村振兴战略的生力军，农民的创业创新活动是促进城乡统筹、城乡融合、城乡一体化发展的新动能。因此，需要把促进农村双创作为战略性、长期性、经常性任务来抓，按照"政府搭建平台、平台聚集资源、资源服务双创"的总体思路，围绕"创什么、怎么创、在哪创、有什么政策、谁来培训、如何办事、怎么保障"等问题，努力推动农村双创取得新进展、新突破、新成效。

一、突出重点领域，明确创业创新方向

鼓励和引导职业农民结合自身优势和特长，根据市场需求和当地资源禀赋，利用新理念、新技术和新渠道，开发农业农村资源，发展优势特色产业，繁荣农村经济。重点发展规模种养业、特色农业、设施农业、林下经济、庭院经济等农业生产经营模式。

（一）聚焦农产品加工业

根据国务院办公厅《关于进一步促进农产品加工业发展的意见》（国办发〔2016〕93号）的要求，以转变发展方式、调整优化结构为主线，以市场需求为导向，以增加农民收入、提高农业综合效益和竞争力为核心，聚焦"农产品初加工、农产品精深加工、主食加工业"等领域，因地制宜、科学规划、发挥优势、突出特色。发展农产品烘干、贮藏、保鲜、净化、分等分级、包装、营销等农产品加工流通业，引导开发营养安全、美味健康、方便实惠的加工食品。推动农产品加工业从数量增长向质量提升、要素驱动向创新驱动、分散布局向集群发展转变。

（二）聚焦农业生产性服务业

根据农业农村部、国家发展改革委、财政部联合印发的《关于加快发展农业生产性服务业的指导意见》（农经发〔2017〕6号），以培育农业生产性服务战略性产业为目标，聚集"农资配送、耕地修复治理、病虫害防治、农机作业服务、农产品流通、农业废弃物处理、农业信息咨询"等领域，直接完成或协助完成农业产前、产中、产后各环节作业的社会化服务，推动多种形式适度规模经营，带动更多农户进入现代农业发展轨道。

（三）聚焦农业生活性服务业

围绕农业外部功能的拓展，积极推进现代农业服务业的发展。聚焦"休闲农业和乡村旅游、民族风情旅游、传统手工艺、文化创意、养生养老、中央厨房、农村绿化美化、农村物业管理"等领域，大力发展生活性服务业。

二、强化主体培育，提升创业创新活力

建立健全城乡融合发展体制机制和政策体系，从农业内外、城乡两头共同发力，探索促进资本、技术、人才等要素向农业农村流动的有效政策措施，进一步调动城乡两个积极性，激发农村创业创新活力。

（一）完善人才扶持机制

深化管理体系改革，尽快出台地方性农民创新创业管理办法。按照主体多元化、服务专业化、运行市场化要求，完善农民创新创业社会化管理制度。条件允许的，将创新创业农民纳入地方人才管理体系，实行统一管理。创新考评机制，制定科学合理的考核评价制度，完善以能力、实绩为导向的多元考评体系，细化考核指标和标准。实行农民创新创业动态管理，形成优胜劣汰的长效管理机制。制定后资助管理办法，对服务绩效突出、带动作用明显、社会认可度高的创新创业农民，在科技项目申报、成果转化应用、市场推广等方面予以重点支持。

（二）完善合作发展机制

围绕农业主导产业发展，不断整合资源，发展优质高效农业，引导农民调整种养结构。按照"基地+农户+合作社+加工销售企业"的现代农业发展思路，通过发展合作制、股份合作制、股份制等形式，培育产权清晰、利益共享、机制灵活的创业创新共同体。鼓励和引导新型职业农民按照法律法规和政策规定，通过承包、租赁、入股、合作等多种形式，创办领办家庭农场林场、农民合作社、农业企业、农业社会化服务组织等新型农业经营主体。通过聘用管理技术人才组建创业团队，与其他经营主体合作组建现代企业、企业集团或产业联盟，共同开辟创业空间。通过发展农村电商平台，利用互联网思维和技术，实施"互联网+"现代农业行动，开展网上创业。

（三）完善产权分配机制

鼓励和引导新型职业农民按照全产业链、全价值链的现代产业组织方式开展创业创新，建立合理稳定的利益联结机制。支持和鼓励龙头企业通过股份制、股份合作制等形式与基地和农户建立稳定的产销协作关系及多种形式的利益联结机制，逐步形成"风险共担、利益共享"的新机制。按照"龙头企业+示范基地+合作社+市场中介+农业大户"的发展路径，引导龙头企业引进国内外先进技术和设备，支持龙头企业技术改造，使其提高自主创新能力。切实改变传统企业农产品初加工、低附加值的现状，不断开发加工程度深、附加值高、特色明显的新产品，形成一批技术含量高的特色名牌产品，提高龙头企业的整体素质和市场竞争能力，辐射带动更多农户实现科技致富。

三、注重素质提升，提高创业创新能力

实施进城务工人员等人员返乡创业培训五年行动计划和职业农民培育工程、农村青年创业致富"领头雁"计划，开展农村妇女创业创新培训，重点培养一批生产技能型、经营管理型和市场营销型的职业农民。

（一）强化人才引领

充分发挥科技特派员，高校院所科技人员，龙头企业、金融公司负责人等创业实践经验丰富的人才优势，完善创业辅导体系，加快建设一支结构合理、精干高效的新农人创新创业服务团队和导师队伍，建设一支"专业层次分明、年龄结构合理、技能领先实用、从业领域明晰"的高素质现代农业生产经营和社会服务队伍。

（二）强化教育提升

借助农业科技特派员所在单位的教育资源，以农业信息化、产业化、品牌化培训为重点，以扶智扶能为方向，持续开展农业专项技术、创业辅导、信息技能、生产服务与管理等专项培训。根据自身的办学类型和层次，按照方便、就近的原则，合理定位及参与农民教育培训，调动农民的学习兴趣和学习积极性，提高创新创业成效。

（三）强化服务创新

统筹地方资源，采取进村办班、送教下乡、田间咨询等方式对创新创业农民进行系统培训，加强经营管理、法律、财务、营销、技术等全方位的指导和帮扶，为创新创业者提供规划设计、政策咨询、技术培训、企业注册、融资支持、财务管理辅导、企业管理培训、知识产权法律事务等服务，切实增强农民的科技意识和创新意识，加快培育农民新型经营主体。

四、加强平台搭建，夯实创业创新载体

按照政府搭建平台、平台聚集资源、资源服务创业的思路，面向现代农业科技园区、农业科技型企业、科技型农业专业合作社、农业专业大户和广大农民的实际需求，建立创业创新园区、培训基地、见习基地、创业孵化基地和创客服务平台，加快完善孵化、科研、教育、推广"四位一体"的新型农村服务体系，为农村双创提供场所和高效便捷的服务。推进农村一二三产业融合发展，加大示范基地建设力度，提升产业层次及产品科技含量，指导和带动地方

调整产业结构。

（一）搭建创业孵化基地

有效整合政府农业科技发展资源，实施"星创天地"发展扶持政策，将星创天地纳入全市"众创空间"统一管理，使其在财税、金融、商事制度等方面与工业上的"众创空间"享受同等待遇。积极出台招商引资、引智、"三新"补贴奖励、土地利用、企业税收优惠和财政补助等政策。注重相关政策的落实和衔接，吸引政府、企业、科研院校和其他社会资本投资园区的农业新技术、新品种、新装备的研究开发、试验示范、应用推广，并鼓励投资者创办科技型农产品生产加工企业，搭建完善的政策和制度管理平台。对示范良好、考核合格、效益显著的"星创天地"，给予建设运营、房租、宽带接入、水电气等补贴，并以政府购买的方式给予补助。对在建、运行良好的"星创天地"优先给予科技示范项目支持或者公益性平台建设补贴。

（二）搭建技术服务基地

加强农业基础研究和重大应用技术的研究开发，全面提升农业科技创新能力、成果转化能力和服务"三农"能力，为发展现代农业提供科技支撑。改革创新农业技术推广体系，逐步建立起以农业技术推广机构为主导，以农村合作经济组织为基础，农业科研、教育等单位和涉农企业广泛参与、分工协作、服务到位的基层农业创新体系。依托专家大院、农业科技超市等平台，面向农村开展农业技术服务。明确将为创新创业农民提供公益性农业技术服务纳入政府购买范围，加快构建公益性与经营性相结合、专项服务与综合服务相协调的技术服务网络，提高农业生产、加工、储运等整个技术体系的水平。

（三）搭建成果转化基地

支持星创天地、双创基地等建设主体引进新业态、新技术、新产品，开展良种引进和培育以及产业关键技术示范，重点支持一批具有自主知识产权、重大原创价值、适应本地生产的新品种、新技术、新设施的推广应用，切实解决农业科技成果转化"最后一公里"的问题。大力发展以高、新、特为标志的农业技术贸易，推动现代农业全产业链的增值和品牌化发展。

五、强化政策落实，营造创业创新氛围

进一步完善农村双创政策措施，特别是贯彻落实工作。切实加强与有关部

门的协调沟通,积极推动市场准入、金融服务、财政税收、用地用电、创业培训、社会保障、信息技术和创业园区等政策落地,充分发挥政策的扶持引导作用,切实加强调查研究和督促检查。

(一)简化市场准入

落实简政放权、放管结合、优化服务等一系列措施,深化行政审批制度改革,持续推进商事制度改革,提高便利化水平。落实注册资本认缴登记和"先照后证"改革,在现有"三证合一"登记制度改革成效的基础上大力推进"五证合一、一照一码"登记制度改革。推动住所登记制度改革,积极支持各地放宽住所(经营场所)登记条件。县级人民政府要设立"绿色通道",为职业农民创业创新提供便利服务,对进入创业园区的,提供有针对性的创业辅导、政策咨询、集中办理证照等服务;对职业农民创业创新免收登记类、证照类等行政事业性费用。

(二)改善金融服务

采取财政贴息、融资担保、扩大抵押物范围等综合措施,努力解决职业农民创业创新融资难问题。稳妥有序地推进农村承包土地经营权的抵押贷款试点,有效盘活农村资源、资金和资产。鼓励银行业金融机构开发符合职业农民创业创新需求的信贷产品和服务模式,探索权属清晰的包括农业设施、农机具在内的动产和不动产抵押贷款业务,提升职业农民金融服务的可获得性。推进农村普惠金融发展,加强对纳入信用评价体系的职业农民的金融服务。加大对农业保险产品的开发和推广力度,鼓励有条件的地方探索开展价格指数保险、收入保险、信贷保证保险、农产品质量安全保险、畜禽水产活体保险等创新试点,更好地满足职业农民的风险保障需求。

(三)加大财政支持力度

加快将现有财政政策措施向职业农民创业创新拓展,将符合条件的职业农民创业创新项目纳入强农惠农富农政策范围。依托星火计划,加大各类财政专项资金对创业创新农民的支持力度。依托职业农民培育,农村一二三产业融合发展,农业生产全程社会化服务,农产品加工,农村信息化建设等各类财政支农项目和产业基金,将符合条件的职业农民纳入扶持范围,采取以奖代补、先建后补、政府购买服务等方式对其予以积极支持。大学生、留学回国人员、科技人员、青年、妇女等人员创业的财政支持政策，要向职业农民创业创新延伸覆盖。把职业农民开展农业适度规模经营所需贷款纳入全国农业信贷担保体系。切实落实好定向减税和普遍性降费政策。

支持高等院校、大型企业采取众创空间、创新工厂等模式，创建一批重点面向初创期"种子培育"的孵化园（基地），有条件的地方可对职业农民到孵化园（基地）创业给予租金补贴。积极吸引社会各方面力量参与"双创基地"建设，加大政府引导资金、园区公司自筹资金等资金的投入力度，加快形成政府引导，企业投入，吸纳民资、外资等多元化的投资格局，逐步建立多渠道、多层次、多元化的投融资机制。同时探索农业创业创新融资模式，引导优秀的创业投资资本、创业投资机构以及社会资金积极参与到农业创新创业中来，降低初创企业的融资成本。

（四）落实用地用电支持措施

在符合土地利用总体规划的前提下，通过调整存量土地资源，缓解职业农民创业创新用地难问题。支持职业农民按照相关用地政策，开展设施农业建设和经营。落实大众创业万众创新、现代农业、农产品加工业、休闲农业和乡村旅游等用地政策。鼓励职业农民依法以入股、合作、租赁等形式使用农村集体土地发展农业产业，依法使用农村集体建设用地开展创业创新。支持职业农民依托自有和闲置农房院落发展农家乐。在符合农村宅基地管理规定和相关规划的前提下，允许职业农民和当地农民合作改建自住房。

（五）完善社会保障政策

职业农民可在创业地按相关规定参加各项社会保险，有条件的地方要将其纳入住房公积金缴存范围，按规定将其子女纳入城镇（城乡）居民基本医疗保险参保范围。对返乡下乡创业创新的就业困难人员、离校未就业高校毕业生以灵活就业方式参加社会保险的，可按规定给予一定的社会保险补贴。对职业农民初始创业失败后生活困难的，可按规定提供社会救助。持有居住证的职业农民的子女可在创业地接受义务教育，依地方相关规定接受普惠性学前教育。

参考文献

一、专著类

[1] 范先佐.教育经济学[M].北京：人民教育出版社，1999.

[2] 国务院发展研究中心课题组.中国城镇化：前景、战略与政策[M].北京：中国发展出版社，2010.

[3] 陆学艺."三农论"——当代中国农业、农村、农民研究[M].北京：社会科学文献出版社，2002.

[4] 马建富.社会转型与中国农村职业教育发展道路的选择[M].北京：知识产权出版社，2014.

[5] 马建富.职业教育学（第二版）[M].上海：华东师范大学出版社，2015.

[6] 孟祥林，王印传.新型城乡形态下的农村城镇化问题研究[M].北京：经济科学出版社，2011.

[7] 汤生玲，曹晔.农村职业教育导论[M].北京：高等教育出版社，2006.

[8] 王春萍.可行能力视角下城市贫困与反贫困研究[M].西安：西北工业大学出版社，2008.

[9] 王竹林.城市化进程中农民工市民化研究[M].北京：中国社会科学出版社，2009.

[10] 翁贞林，许祥云，李剑富，等.新型农民培育的理论与实践研究[M].北京：中国农业出版社，2006.

[11] 吴海涛，丁士军．贫困动态性：理论与实证[M]．武汉：武汉大学出版社，2013．

[12] 于伟．我国欠发达地区农村职业教育问题研究[M]．长春：东北师范大学出版社，2007．

[13] 张力跃．受教育者视界中的农村职业教育困境与破解[M]．天津：天津大学出版社，2011．

[14] 浙江大学中国农村家庭研究创新团队．中国农村家庭发展报告2016[M]．杭州：浙江大学出版社，2017．

[15] 中国（海南）改革发展研究院．人的城镇化[M]．北京：中国经济出版社，2013．

二、期刊论文类

[1] 白萍．结构功能主义和社会批判理论比较研究[D]．上海：华东师范大学，2010．

[2] 陈春霞，石伟平．新型职业农民培训供给侧改革：需求与应对——基于江苏的调查[J]．职教论坛，2017（28）：6．

[3] 陈德，向东梅．高等农业院校开展新型农民培训的问题及对策[J]．高等农业教育，2014（1）：4．

[4] 陈红杰．加速构建公益性农民教育培训资源平台[J]．农民科技培训，2014（10）：2．

[5] 程丹丹，潘意志．基于现代职业农民培养视角的新农村农家书屋建设研究[J]．图书馆研究，2014，44（5）：4．

[6] 董桂军．天津农民专业合作社的生存与发展研究[D]．天津：天津商业大学，2014．

[7] 董伟统，王季．以行业院校为主体的农民培训模式[J]．合作经济与科技，2014（18）：3．

[8] 郭静．职业教育供给侧改革的内涵与推进路径[J]．中国职业技术教育，

2016（27）：5-9.

[9] 何亚萍.农业现代化背景下安徽省农村职业教育问题研究[D].淮北：淮北师范大学，2017.

[10] 胡学知，周仔荣.关于农民继续教育问题的探析[J].武汉职业技术学院学2012，11（1）：4.

[11] 金玲，王砚超.聚焦农业供给侧结构性改革构建新型农业职业教育体系初探[J].农民科技培训，2017（5）：3.

[12] 景琴玲.我国农业职业教育发展模式研究[D].西安：西北农林科技大学，2012.

[13] 雷世平，姜群英.试论公共财政视域下的农村职业教育供给[J].职教论坛，2015（1）：4.

[14] 雷重熹.农村职业教育与农村剩余劳动力转移关系研究以中外农村职业教育为视角[D].长春：东北师范大学，2005.

[15] 李鉴.新农村建设与农村职业教育[D].西安：陕西师范大学，2009.

[16] 李水山.我国农民教育的研究历程与时代课题[J].中国农村教育，2009（11）：5.

[17] 梁秀梅.我国农村职业教育在农村剩余劳动力转移中的作用研究[D].济南：山东师范大学，2005.

[18] 林毅.职业教育对农村劳动力转移的影响[D].福州：福建农林大学，2009.

[19] 刘改焕.农村职业教育有效转移农村富余劳动力研究[D].开封：河南大学，2011.

[20] 刘建兰.职业化农民教育培训平台建设意义和思路[J].农业科技管理，2010，29（5）：4.

[21] 陆宁.新农村建设中的农村职业技术教育发展研究[D].杨凌：西北农林科技大学，2008.

[22] 马建富.农村职业教育定位探析[J].河北师范大学学报（教育科学版），

2009，11（11）：6.

[23] 马云启.以需求为导向的新型农民科技培训体系研究[D].保定：河北农业大学，2012.

[24] 米宝珍.发展农村职业教育提高内蒙古新型农民科技文化素质[D].哈尔滨：哈尔滨理工大学，2009

[25] 欧亚.人力资本视角下的农民教育培训体系建构[J].市场周刊，2014（8）：2.

[26] 邱启照，王润鸿.农民职业道德失调对农产品质量安全的影响研究[J].太原学院学报（社会科学版），2014，15（3）：39-42.

[27] 任建春.中等职业教育学历与职业资格证书相互转换的课程研究[D].青岛：中国海洋大学，2010.

[28] 茹小佳.从农村剩余劳动力转移视角看农村职业教育问题[D].秦皇岛：燕山大学，2012.

[29] 盛子强，周琪，刘丽梅.基于农业现代化的农业职业教育发展对策研究[J].中国职业技术教育，2017（18）：5.

[30] 郝天.城镇化进程中农村职业教育发展困境及破解研究[D].秦皇岛：河北科技师范学院，2017.

[31] 王等等.教育功能观的社会学分析[D].兰州：西北师范大学，2002.

[32] 王娇娜.新农村建设背景下农村职业教育发展的对策研究[D].秦皇岛：河北科技师范学院，2014.

[33] 王乐杰，沈蕾.城镇化视阈下的新型职业农民素质模型构建[J].西北人口，2014，35（3）：7.

[34] 王乃国，杨海华.基于供给侧改革的现代职业教育体系构划[J].职业技术教育，2016，16（24）：6.

[35] 王朔，王永莲，李爽.农村职业教育供给与需求现状研究综述[J].职业教育研究，2016（1）：5.

[36] 吴琼.新农村建设中农村职业教育的中韩比较研究[D].长春：东北师范大学，2008.

[37] 伍成艳.职业教育供给侧改革的内涵、理念与路径探索[J].教育与职业，2017（3）：7.

[38] 杨海华，俞冰.新型城镇化进程中的职业教育需求与供给侧改革路径探讨——基于苏州样本[J].职教论坛，2017（21）：6.

[39] 姚妮.农村职业教育公平研究[D].长沙：湖南师范大学，2009.

[40] 张亮.我国新型农民培训模式研究[D].保定：河北农业大学，2010.

[41] 章康龙.高职院校培养"本土化、高端性、创业型"新型职业农民的探索与实践[J].中国农业信息，2013（6S）：4.

[42] 周雪松，刘颖.传统农民向职业农民转化问题研究[J].第一资源，2013（2）：125-132.

[43] 周益清，王爱平.坚持学历教育与职业培训并举促进地方经济快速发展[J].中国农村教育，2009（10）：2.

[44] 朱艳.帕森斯结构功能主义道德教育思想研究[D].曲阜：曲阜师范大学，2012.